胎教

徐文 编著

中国人口出版社
China Population Publishing House
全国百佳出版单位

图书在版编目（CIP）数据

徐文图解好孕知音：胎教 / 徐文编著. -- 北京：中国人口出版社, 2014.8

ISBN 978-7-5101-2175-3

Ⅰ. ①徐… Ⅱ. ①徐… Ⅲ. ①胎教 – 图解 Ⅳ. ①G61-64

中国版本图书馆CIP数据核字（2013）第294946号

徐文图解好孕知音：胎教

徐　文　编著

出版发行	中国人口出版社
印　　刷	北京缤索印刷有限公司
开　　本	787毫米×1092毫米 1 / 24
印　　张	6
字　　数	100千字
版　　次	2014年8月第1版
印　　次	2014年8月第1次印刷
书　　号	ISBN 978-7-5101-2175-3
定　　价	29.90元
社　　长	陶庆军
网　　址	www.rkcbs.net
电子信箱	rkcbs@126.com
总编室电话	(010)83519392
发行部电话	(010)83514662
传　　真	(010)83519401
地　　址	北京市西城区广安门南街 80 号中加大厦
邮　　编	100054

前　言

每一位父母都希望自己的孩子健康、聪明，怎样孕育最棒的一胎，怎样会让生出的孩子更聪明？这无疑是很多准备成为父母的朋友们迫切需要了解的。如果你有这样的憧憬，那就一定要在孕期对胎儿进行胎教。

那么，什么是胎教呢？毋庸置疑，胎教是一门科学，平时大家常说到的胎教其实是狭义上的胎教，即具体的胎教方法。实际上，广义胎教就是强调孕妈妈的心理状态和情绪变化可以影响胎儿的发育，母体的身体健康也会对胎儿的发育起到良好的作用。如何通过母体使胎儿获得更好的成长发育空间，就是“胎教”的实质。

如何科学地胎教？又成为读者更加期待的问题。因此我们为准父母们量身打造了这本书，用通俗易懂的语言详细讲解有关科学胎教的相关知识，准父母可以在这里找到适合自己的胎教方法。

本书具有以下五大特点：

1. 内容更全面：从怀孕开始，指导您根据胎儿发育的不同阶段，科学地实施胎教，使胎儿大脑发育得更好，使孕妈妈减少不适，身体更健康。在宝宝出生后，根据宝宝智能与身体发育不同时间段的特点，指导您科学、系统、有效地对婴幼儿实施智能、情商开发与体能锻炼，以提高宝宝的智能、情商与体能。

2. 可操作性强：方法具体实用，易于孕妈妈学习和操作。

3. 解答专业：就孕妈妈在孕期可能遇到的相关问题，作出既科学又充满人性化关怀的解答，让孕妈妈轻松度过一个愉快的孕期。

4. 查阅更方便：全书介绍了完美的胎教计划，科学的膳食计划，孕早期、孕中期、孕晚期不同的胎教方法，并按照怀孕月份、宝宝的月龄有序地分类，使查阅更加轻松方便。

5. 提示更贴心：温馨的小贴士，给您无微不至的关怀，贴心的胎教小课堂，处处体现编者人性化的关怀，与您共同分享孕育、育儿生活的一路风景。

让我们为打造健康、聪明的宝宝而努力，愿每一位父母都能为宝宝的成长提供有益的帮助！

编　者

目录

contents

第一章 完善的胎教计划：影响宝宝的一生

第二章
科学的膳食计划：为孕妈妈和胎儿提供充足的营养

第三章
孕早期的音乐胎教：给胎儿听音乐，宝宝注意力更集中

第四章
孕早期的日记胎教：亲自书写美好的孕育记忆

第五章
孕中期的童话胎教：跟胎儿进行更贴心的情感交流

第六章
孕中期的氧气胎教：促进胎儿脑部的发育

第七章
孕中期的旅行胎教：让孕期生活变得更充实

第八章
孕中期的视觉胎教：训练胎儿的观察能力

第九章
孕晚期的英语胎教：符合国际化时代趋势

第一章

完善的胎教计划：

影响宝宝的一生

胎教不是孕妈妈一个人的事

胎教不是孕妈妈一个人的事情，孕妈妈和准爸爸一起进行胎教效果会更好，会让将来出生的孩子智商更高。

重视居家环境

居家的环境会直接影响到孕妈妈的心情，也会对胎儿的发育造成影响，因此，孕妈妈一定要在舒适、安逸的环境中孕育胎儿，这样胎儿才能健康、茁壮地成长。

你也许不知道

胎儿在孕妈妈腹中接受“硬件”和“软件”升级的过程中，如果能够持续接受具有一定积极意义的刺激，将来出生后就会更聪明、更健康。

广义胎教

也称为间接胎教，指为了促进胎儿生理和心理上的健康发育，并确保孕妈妈能够顺利地度过孕产期所采取的精神、饮食、环境、运动等各方面的保健措施。在此期间，利用一定的方法和手段，通过母体给予胎儿有利于其大脑和神经系统功能尽早成熟的有益活动。

胎教的好处有哪些呢

（1）自我情绪调整:由于早孕反应，很多孕妈妈会面临身体和心理的双重压力，胎教能调节孕妈妈情绪和整个家庭氛围，进而有利于胎儿的发育。

（2）给胎儿良性刺激:一般而言，怀孕3个月时，胎儿就已经具有了对外界的触觉，能够感觉到抚摸、摇动等刺激。

（3）正确的胎教有益无害:胎教所选用的方法均对孕妈妈无毒、无害，而且易操作，学习起来没有任何难度。即将成为妈妈的女性，可放心使用，而且在操作过程中，准爸爸也可以参与进来，和孕妈妈共同对孕育中可爱的小宝宝进行合理胎教。

狭义胎教

也称为直接胎教或主动胎教，是根据胎儿各感觉器官发育成长的实际情况，有针对性地、积极主动地给予适当合理的信息刺激，使胎儿建立起条件反射，进而促进其躯体运动机能、感官机能及神经系统机能的成熟。

选择适合自己的胎教方法

胎教的种类有很多种，不能说哪种好，哪种不好，只要是对胎儿和孕妈妈有帮助的、适合的胎教法都是好的胎教法。

阅读也是胎教的一种方式

很多孕妈妈都喜欢阅读，这是一种非常好的胎教方式。阅读可以让孕妈妈的情绪稳定，胎儿也能受到文字和语言的熏陶，对其智力发育非常有利。

常见的胎教种类有哪些

你也许不知道

胎儿在母体中，最早听到的声音就是孕妈妈的心跳和脉搏，而孕妈妈的心跳和脉搏与情绪息息相关。胎儿根据孕妈妈心跳的频率可以直接感受到孕妈妈的喜、怒、哀、乐，也会相应做出专注和兴奋的反应。

音乐胎教：是指通过音乐对母体和胎儿共同施教的过程，这种胎教方法已经被越来越多的国家运用。

童话胎教：通过不同的童话故事，对母体和胎儿共同施教，以便将勇气和友情等概念传授给胎儿。

日记胎教：孕妈妈通过“胎教日记”来记录怀孕期间的点点滴滴，这种方法不仅记录了怀孕时的深情厚谊，还记录了孩子未出生前的生命历程，对于建立亲情很有好处。

氧气胎教：对孕妈妈来说，氧气是必不可少的宝贵资源。呼吸新鲜的空气可以提高胎儿氧的供给，有利于大脑的发育。

旅行胎教：让孕妈妈在适当的时间通过旅行来接触大自然，寻找豁然开朗的感觉，而且把这种感觉传递给胎儿，让胎儿也感受一下大自然的魅力。

视觉胎教：通过接触色彩，训练胎儿感性能力的视觉方式，比如，对于名画的鉴赏、给图片上色等都属于视觉胎教。

英语胎教：以听英文歌曲、英文故事为主要形式，此种胎教方法对于宝宝语言发育有很好的促进作用。

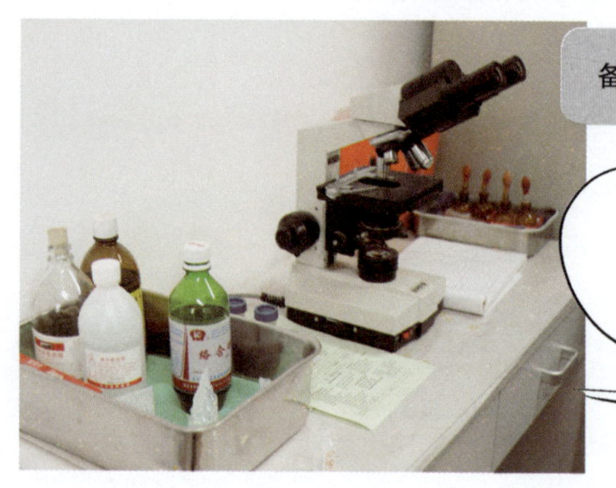

备孕夫妇一定要重视孕前检查

优生优育需要健康的精子和卵子，备孕的夫妇进行孕前检查是这一切的基本保障。

备孕妈妈要积极配合医生

孕前针对备孕妈妈的检查项目很多，一定要积极配合医生，并认真听取医生的意见，总之，一切都是为了健康怀孕。

健康受孕，相关检查不可少

你也许不知道

在计划怀孕前一定要进行身体检查，这作为胎教的一种手段，对于孕育健康的下一代是非常必要的。

为什么必须进行孕前检查

做好孕前体检、科学筛查是确保胎儿健全、健康的必要环节。通常在孕前3~6个月做检查，这样一旦发现问题，有时间进行干预治疗。

检查的具体项目

TORCH：检查项目包括风疹病毒、弓形虫、巨细胞病毒、单纯疱疹病毒体。

血型检查：分娩可能导致大量出血，这时清楚知道孕妈妈的血型是相当必要的。

HIV检查：在事先进行艾滋病检查之后，以健康的身体状态迎接怀孕。

贫血检查：孕妈妈贫血可能导致早产、难产，生出低体重儿，引起婴儿发育迟缓。严重的还会导致新生儿死亡。

肝炎检查：如果孕妈妈患有肝炎，经过产道出生的孩子就有可能染上肝炎。

尿常规检查：这是为诊断是否患有膀胱炎、尿道炎、肾盂、肾炎等疾病而做的必要检查。

卵巢与子宫检查：利用超声波可检查出卵巢和子宫是否存在异常情况，其中包括卵巢内是否有肿瘤、是否畸形。

弓形体检查：如果家里养了宠物，如猫、鸟，最好去做这项检查。

衣原体检查：沙眼衣原体是引发子宫内膜炎和输卵管的炎症从而成为不孕的原因，也会导致流产、早产等。

选择最佳受孕日期

每一对夫妇都希望能够有一个健康、聪明、美丽的宝宝，这就是优生。只有做到优生才能谈得上优育，选择最佳的受孕日期，这是优生的关键。

夫妻计划要宝宝

当夫妻两人决定要宝宝的时候，就可以制订怀孕计划了，一定要夫妻两人一起制订怀孕计划喽，这样不仅会让夫妻两人的感情变得更加甜蜜，孕育出来的宝宝也将会更加聪明。

计划怀孕，宝宝会更加健康

你也许不知道

夫妻同房时所持心理状态、周围环境不同，精子和卵子的相遇状况也会千差万别。精子偏爱较为凉爽的环境，为了让精子能够自由活动，就应该尽量避免到温度过高的场所和环境。有研究结果表明，高温作业、长时间驾驶、案前工作的男性，精子活动能力会明显下降。

计划怀孕前要注意的问题

（1）夫妻双方的健康状况如何?

（2）是否有遗传性疾病的家族史及畸形儿的生育史?

（3）是否正在患急、慢性疾病?

（4）是否正在服药?

（5）是否患性传播疾病?

（6）双方工作中是否接触到各种有害物质?

（7）是否吸烟、饮酒?

（8）是否正在或曾经服用避孕药?

无计划怀孕的危害

没有计划的怀孕虽然也可以说是喜事，但恐怕会带来一些烦恼和负担。也许家庭的经济情况还没有到十分宽裕的地步、怀孕是在身体欠佳、服用药物、酒精中毒时发生的，这些都容易导致胎儿出现异常情况。

而有计划的怀孕不仅可以有效地防止畸形儿的出生，还会让夫妻两人做足心理准备，愉快地迎接宝宝的降临 。

选择最佳受孕季节

一般认为每年的4月是不错的生育季节。若想让孩子在这个时候出生，就要在前一年6～8月怀孕。

对于呕吐症状严重或在自己母亲怀孕时，母亲也曾经常呕吐的孕妈妈而言，应避免在易发生过敏反应的季节里怀孕。一般情况下，孕期呕吐发生在春季和夏季的比较多。

孕妈妈正在按胎教计划专心地阅读

胎教并不是随便翻一本书，随便听一首歌就能够达到的效果，胎教一定要做好充足的准备，制订胎教计划，并按照胎教计划执行。

准爸爸要积极参与胎教

准爸爸在胎教中的作用是举足轻重的，在进行胎教的时候，准爸爸要积极配合，要让胎儿感受到父母双方的浓浓爱意。

要打好胎教的基础

孩子的智商是和胎教息息相关的，而孩子的性格也同样会受到父母胎教的影响。因此，如果想得到性格好且智商高的宝宝，就一定要在胎教上多下工夫。

良好的宫内环境是胎教的基础

孕期里，准父母会为了胎儿能够拥有好的环境而付出自己的努力和爱。所谓好的环境，就是指能够让胎儿平安度过10个月的宫内环境。如果母亲能够安心地、愉快地度过怀孕期，那么孕期的宫内环境就会越来越好，相应也会给胎儿带来积极的影响。

打好胎教基础离不开准爸爸胎教法

准爸爸胎教法可以分为“受孕胎教”和“协助胎教”。受孕胎教就是丈夫在让妻子怀孕时，努力地优化一切条件，在这以前要把自己的身体调整到最佳状态，做任何事时都要有孕育杰出下一代的决心。

“协助胎教”，是指如果在此之后妻子怀孕，那么丈夫所要做的协助胎教同样重要。丈夫的帮助与照顾会使妻子的心情变得安定，这是任何东西都不可代替的“灵丹妙药”。妻子安定的心情将给胎儿带来良好的影响。

制订胎教计划的注意事项

在制订怀孕计划时，夫妇两人应当制订受孕、生育和育儿计划，并且做孕前检查，将身体调整到最佳状态。只有做到这些，才有可能拥有完全健康的孩子。

尽管传统观念认为胎教只需妻子一个人就可以完成，但宝宝是否健康仍然会受到夫妇两人所做努力的影响，因此，夫妇两人要一起制订胎教计划。

读懂好孕罗盘

孕妈妈可以通过好孕罗盘来推测自己的孕产期，还能够推测出胎儿的平均体重、胎儿的平均身高等信息，是孕妈妈的好帮手。

认真学习胎教知识

很多时候，孕妈妈一个人看书会感到很烦躁，如果准爸爸陪伴孕妈妈一起看，并且适当进行交流，这样学习起来非常快，而且会收到非常好的效果。

提前学习胎教的相关知识

你也许不知道

讲到胎教知识，相信大多数人都不感到陌生，但对于“胎教的科学依据在哪里”、“究竟该如何进行胎教”、“胎教究竟会对胎儿产生怎样的影响”这些问题，不少准爸爸妈妈却知之甚少。

因此，如何胎教就成为摆在很多准爸爸、孕妈妈面前的一大难题，因此，学习科学的胎教知识尤为重要了。

学习胎教知识的途径

对于即将成为父母的你们来说，不应当无知地迎接宝宝的到来，而应该在如何孕育一个健康宝宝方面做一些知识储备。如读一些关于怀孕知识、生育知识和胎教方法的书籍，常去社区中心、医院和幼教中心听一听相关的讲座，或者通过互联网阅读他人的育儿日记、分娩日记和胎教经验谈……这些对即将做爸爸妈妈的你们都会有所帮助。

✓ 正确胎教知识的来源

（1）互联网上的专业孕儿类网站。

（2）专业医生编写的有关妊娠、育儿、胎教类的图书。

（3）专业部门和发行机构制作的相关视频等。

✗ 错误胎教知识的来源

（1）听信一些错误的传言。

（2）过多相信迷信，不相信科学知识。

（3）非专业机构制作的图书和视频中介绍的知识。

胎教的范围

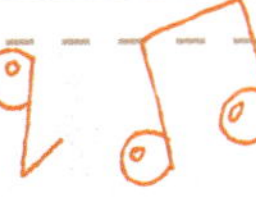

在怀孕的40周里，孕妈妈将与胎儿同体共息，孕妈妈的情绪和生理状态都与胎儿休戚相关。

因此，从孕妈妈的饮食营养到行为活动，乃至所接触的生理、心理环境，都是我们胎教的范围，可以说胎教伴随着怀孕的整个阶段。

准爸爸要为孕妈妈营造良好的胎教环境

作为丈夫，对妻子怀孕后的一系列变化要有所了解，事先为妻子营造良好的居家环境，对于减轻和缓解妻子备孕的紧张心情和今后孕期中的不稳定情绪有很大帮助。

环境对胎教影响很大

如果怀孕后能够在安静、舒适的环境中看看书、听听音乐是多么的惬意，孕妈妈又怎能没有好心情呢？胎儿又怎么会不健康呢？

营造舒适的环境，为胎教做准备

你也许不知道

用明亮而温馨的色彩装饰居室，比如，暖色调的墙壁颜色，墙壁挂上一幅画，再配上音乐，这一切都会使人的情绪变得安定。如果孕妈妈的生活能够过得舒适愉快，就会给将来出生的宝宝带来好的影响。

如何调节室内的湿度

如果室内空气湿度过低，可以在暖气上放水槽、室内摆水盆、地上洒水或使用加湿器等。若室内湿度过高，调节的办法是移去室内潮湿的物品及沸腾的开水，打开门窗通风，以散发潮气。

保持适宜的温度

室内温度，冬季最好在18℃～22℃；夏季宜保持在26℃～30℃。温度太高会让孕妈妈感到精神不振、头昏脑涨、心情烦躁；温度太低又会缩手缩脚、感觉全身不适。

夏天室温高，可开窗通风，也可使用电风扇或空调。但要避免把空调温度调得过低，也不能对着电风扇直吹，以免着凉感冒。冬天，如果采用烧煤取暖应注意防范发生一氧化碳中毒，危及母子健康。

保持适宜的湿度

室温偏低，空气湿度的要求也相应低一些，反之要高些。如果室温在25℃，适宜的空气湿度是40%～50%。根据室温的变化，宜将空气湿度控制在30%～60%。如果室内空气湿度过低，孕妈妈会感觉口干舌燥、喉痛，甚至流鼻血等。若室内湿度过高，衣服、被褥发潮，甚至发霉，孕妈妈会感到身体不适，肢体、关节酸痛等。

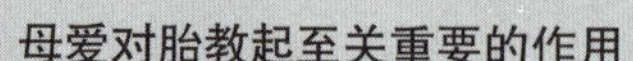

母爱对胎教起至关重要的作用

孕妈妈在实施胎教时，用足够的母爱保持愉悦的心态，积极正确地运用各种胎教方法，促进胎儿的良好发育。

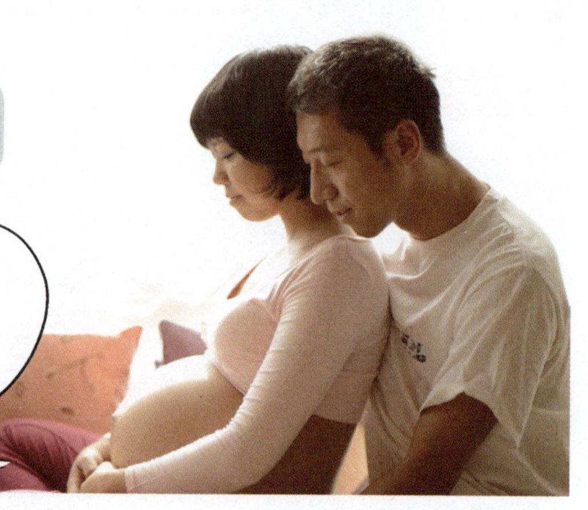

静坐冥想让胎儿感受到母爱

孕妈妈可以通过静坐冥想的方式让胎儿感受自己的爱。孕妈妈在脑海中想象自己是多么爱他（她），要知道，胎儿是会感受到妈妈的这种爱意的。

母爱是最好的胎教

你也许不知道

心中没有对胎儿强烈的爱的孕妈妈，无法将全部精力投入到胎教中，也无法将胎教中的良好情绪带给胎儿。只有拥有母爱的孕妈妈，才会充分发挥胎教主角的强烈作用。因此，孕妈妈要以百倍的爱心，爱的语言，充满爱的心情，进入好母亲的角色，向胎儿传递爱的信息。

通过抚摸让胎儿感受爱

孕妈妈对胎儿的爱完全可以通过抚摸让胎儿感受到，但是抚摸时也要注意以下几方面的问题：

（1）有流产、早产迹象的孕妈妈，不宜进行抚摸。

（2）抚摸的手法宜轻柔，循序渐进，不可急于求成。

（3）孕妈妈在仰卧做抚摸时不能超过10分钟，以免发生仰卧综合征，严重时会引起孕妈妈晕厥。

母爱对胎儿的影响

在整个孕育过程中，孕妈妈的情感逐步得到升华，产生对胎儿健康成长极为重要的母子亲情。正是这种感情，使胎儿捕捉到爱的信息，为出生后形成热爱生活、乐观向上的良好性格打下基础。

但是，有些过早步入婚姻或面临强大的工作压力，没有认识到胎教作用的孕妈妈，使胎儿缺乏足够的母爱。因此，处于这种境遇下的孕妈妈往往接收不到胎儿的信息，错过了与胎儿进行情感交流的好时机。

母爱时刻伴随着胎儿

在280天的等待过程中，孕妈妈倾听着胎儿的心跳，关注着胎儿的成长，祈求着胎儿的平安，并积极地把爱付诸行动，用自己的心血精心周到地疼爱、保护着腹中的生命。孕妈妈应时刻注意增加营养，锻炼身体，创造良好的胎教环境。

制订胎教计划时多听医生建议

孕妈妈在制订胎教计划的时候，除了需要家人的建议之外，还可以去咨询专业的医生，医生会根据孕妈妈的身体状况给出一些更科学、更合理的建议，帮你制订胎教计划。

夫妇两人必须拒绝烟酒

孕妈妈备孕时、怀孕之后，坚决拒绝烟酒，如果准爸爸有抽烟、喝酒的习惯，也要克制，二手烟对孕妈妈和胎儿的危害是非常大的。

★胎教小课堂★

胎教计划的主要内容

（1）给孕妈妈创造一个舒适、宁静的休息环境；

（2）给孕妈妈准备既可口又有营养的食品；

（3）选择有益于孕妈妈身心愉快和健康的音乐磁带、文艺作品；

（4）筹备进行轻松而有趣的短期旅行；

（5）丈夫应尽到胎教的责任；

（6）丈夫和怀孕妻子怎样一起写胎教日记；

（7）针对孕早期、孕中期、孕后期孕妈妈和胎儿的生理心理变化，怎样在养胎和保胎的同时实施胎教等。

需要注意的是，胎教措施最好能够简单地写成文字，以便检查。措施制订之后要尽可能实行，千万不要言行不一。

儿童的进步不是取决于年龄，而是取决于能够自由地观看他周围的一切。

——蒙台梭利

近期胎教应该在刚怀孕时就安排

近期胎教由于近在眼前，所以安排要具体些。例如，为了孕妈妈和胎儿的身心健康，要改变不良的生活习惯，杜绝或者是减少吸烟、喝酒；不到或少到喧闹、嘈杂的马路、商店去；不打或者是少打扑克、麻将；不暴饮暴食，不嗜食厚味食品。特别要注意在初孕到孕3个月期间内，孕妈妈应心理平衡，情志和顺。

及早考虑远期胎教

在安排近期胎教的同时还应该考虑远期胎教，以便有的放矢。远期胎教可以安排得简略些，但简略不等于粗糙，孕中期、孕后期的胎教应及早考虑，做到心中有数。虽然怀胎十月看来时间较长，但时间过得很快，不及早考虑，容易错过最佳胎教时机，甚至忽略了胎教。

夫妻二人多外出踏青

在孕妈妈身体情况允许的条件下，可以在准爸爸的陪同下一起去郊外踏青，多呼吸大自然的新鲜空气，对于胎儿是非常有好处的。

孕妈妈在散步时要注意姿势和速度

孕妈妈在散步的时候一定要注意安全，不仅要注意散步的姿势，还要注意不能够匆忙快走，一定要把胎儿的安全放在首位。

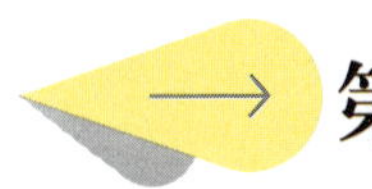

第二章

科学的膳食计划：

为孕妈妈和胎儿提供充足的营养

孕妈妈选择自己喜爱的饮食

怀孕第一个月，孕妈妈可以多吃一些蔬菜和水果，这对于孕妈妈的身体状态和胎儿今后的发育都大有好处。

孕妈妈可多吃玉米

孕妈妈在刚怀孕时应多吃玉米，玉米中富含蛋白质、脂肪、糖类、维生素和矿物质等，孕妈妈适宜多食。特别是甜玉米中的天冬氨酸和谷氨酸的含量很高，可以促进胎儿的大脑发育。

孕妈妈孕一月的饮食胎教

你也许不知道

怀孕第1～4周时胚胎只有珠丸一般大小，受精卵周围是一些草根般柔软细微的绒毛，这些绒毛可以透入到子宫内膜中，为胚胎吸取必要的养分，所以这一时期被称为“胚芽期”。

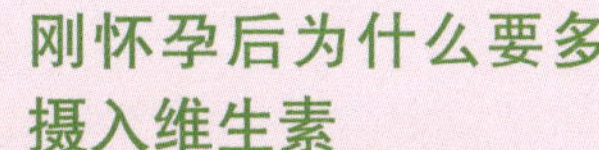

刚怀孕后为什么要多摄入维生素

孕妈妈为了提供胎儿生长和发育所需要的各种维生素，就必须摄入更多的富含维生素的食物。如不增加维生素的摄入量，不仅影响胎儿的健康，还会影响胎儿的生长发育。

尽量多摄取各种营养素

孕妈妈可以充分摄取维生素A、维生素C、维生素E、B族维生素，多吃富含蛋白质和钙质的食物。糙米、谷物胚芽、麦粒、豆芽、豆腐、豌豆、黑豆等谷物，蔬菜以及水果都是值得选择的食品。在这些食物中，甘薯、土豆、柚子、李子、芹菜和白菜则是最佳的选择。

孕一月多吃含维生素B_2的食物

维生素B_2又被称作核黄素，缺乏它，阴部和口部就容易发生溃烂。

牛奶、蛋黄、鳗鱼、紫菜和扁桃都是含有大量维生素B_2的食物。

特别需要提到的是紫李，它不仅仅在维生素B_2的含量上大大超过其他水果，就是硫胺素、烟酰胺和本多酸的含量也毫不逊色。食用紫李可以有效预防便秘和贫血等症状。

及时补充水分

外出活动或是在家中，孕妈妈都要注意保证正常的饮水量。及时补充水分，以免身体缺水，对自身和胎儿造成伤害。

喝些果汁来补水

孕妈妈身体出汗、缺水、口渴时，可以适当饮用一些新鲜果汁，不仅可以及时补充水分，而且营养丰富，对胎儿有利。

你也许不知道

孕二月是胎儿器官形成的关键时期，如果营养供给不足，就很容易发生流产、死胎和胎儿畸形。孕妈妈一定要尽量均衡营养，做到不挑食、不偏食。

吃零食能缓解孕早期症状

对于计划中或期待已久的怀孕，在确诊怀孕后夫妻双方都会感到无比喜悦。准爸爸要为妻子准备一些适合孕妈妈的零食，这样不仅能为孕妈妈和她肚子里的胎儿及时补充营养，并且对怀孕初期孕妈妈可能出现的孕吐、头晕等状况也会起到良好的缓解作用。

孕妈妈不可缺少的几种食物

牛奶：可补充优质的蛋白质和钙质。

鸡蛋：蛋白质最易被人体吸收，且富含卵磷脂。

粮食：可给人体提供能量和B族维生素。

蔬菜：可给人体提供维生素、矿物质和纤维素。

水果：可给人体提供果糖、果胶、维生素、矿物质和纤维素。

豆制品：可给人体提供优质的植物蛋白质。

肉制品：可给人体提供优质的动物蛋白质。

水：可促进身体的新陈代谢。

通过饮食改善孕吐症状

大约60%的孕妈妈在怀孕6～8周经常发生孕吐症状。时常吃一点东西可以减轻孕吐症状，但尽可能吃清淡的食物。

在入睡之前可以准备些果汁、牛奶等，孕妈妈夜里醒来的时候就可以喝上两口，这样能及时补充孕吐所缺失的水分，防止便秘出现。

饮食要做到营养平衡

孕妈妈的身体状况决定了胎儿的发育环境，胎儿发育所需要的营养也是通过孕妈妈摄取的营养来获得的，所以，孕妈妈为了将来的孩子身心健康，要合理饮食，保障均衡营养。

清淡、营养、健康的饮食才是关键

孕妈妈在怀孕之后，自然成为重点照顾的对象，但是在饮食方面，切忌给孕妈妈大补特补，一定要学会合理搭配饮食，不要吃太过油腻以及厚味的食物。

你也许不知道

这一时期饮食的要点是帮助胎儿的脑部和心脏发育，最好还能兼有安胎的功效，因为此时流产的概率还没有降低。

摄入铁元素含量充足的食物

为了促进胎儿的脑部发育，孕妈妈还应当摄入一些高蛋白和铁元素含量充足的食物，如动物肝脏、海螺、鲣鱼、牡蛎、蛤蜊、荞麦、茼蒿、芹菜、菠菜、牛奶、核桃、松子和杏仁等。

孕妈妈为什么不宜常吃罐头

罐头食品在生产加工过程中，为了达到色佳味美和长时间保存的目的，会添加一定量的人工合成色素、香精、甜味剂和防腐剂等。这些物质大多是人工合成的化学物质，对成人影响不大，但是，胎儿对一些有害化学物质的反应和解毒功能尚不完善。孕妈妈若长期大量食用罐头，其中的化学添加剂会通过胎盘血液循环进入胎儿体内，引起慢性中毒，出现流产、早产或胎儿畸形等。

多吃叶酸含量丰富的食物

为了帮助胎儿的细胞分裂，孕妈妈吃含有丰富叶酸的菠菜、生菜、茼蒿、动物肝脏、大豆和红豆是大有益处的。还可以通过食用植物油摄取不饱和脂肪酸，来促进胎儿内分泌系统的发育。

韭菜炒虾皮

准备30克的虾皮，300克的韭菜，还有适量的盐、食用油。烹饪时要把韭菜择洗干净，将水沥干，并且切成2 厘米长的段；之后将虾皮清洗干净，把多余的水分挤出去；再把锅放在火上，将油放入锅内烧热，把虾皮放入锅内先炸一下，随后将韭菜、盐放入锅内，并且放入少量水，翻炒几下出锅即可食用。

你也许不知道

孕妈妈度过了早孕反应期，食欲大增、胃口极好。在大饱口福的同时，孕妈妈还要把握饮食营养的均衡、丰富，不能自已喜欢吃的就毫无节制地大吃，不喜欢吃的就少吃或不吃，以免造成营养不均衡，导致某些营养素的缺乏。此外，还应避免吃过咸、过辣、过冷的食物。

孕妈妈补充铁元素的途径是什么

一是服用铁剂，二是吃含铁丰富的食物。一般情况下，对于贫血现象不太严重的孕妈妈，最好还是从食物中摄取铁元素为好。含铁丰富的食物有猪肝、鸡肝、黑木耳、虾肉、大豆、蛋黄、菠菜、油菜、海蜇、芹菜茎、牛肉、猪肉、鸭血、鸡血、紫菜等。值得注意的是，食用这些食物时，还应同时吃一些有助于铁元素吸收的食物。

食用可以安胎、保胎的食物

这一时期有些孕妈妈可能有少量出血的现象，人们称之为“胎漏”。此时可在医生的指导下食用一些艾蒿或者生地。

或者用糯米熬成粥，加入3～5只葱根，煮熟后食用或取葱根煮成较浓的汤汁服下，也可起到安胎的功效。

补充优质高蛋白食物

孕妈妈在这一时期要多吃高蛋白食品，特别是牛奶、乳制品、鱼子酱和蛋类，因为这对胎儿肌肉、血液和骨骼的形成都大有帮助。还要多吃肉类、鱼类和豆制品。特别是要多吃维生素B_1含量丰富的猪肉，以及含有大量DHA，并对胎儿脑细胞发育有所帮助的青花鱼。

预防便秘和痔疮

孕妈妈在孕五月时要注意预防便秘和痔疮，要多喝水，更需要多吃新鲜的水果和蔬菜，通过饮食来缓解便秘和痔疮的出现。

治疗便秘，饮食加按摩效果更好

多吃水果，多喝水，已经成为孕妈妈缓解和预防便秘和痔疮的主要方式，但是，除了饮食之外，孕妈妈还可以在便后用温水局部坐浴、用手指按摩肛门使其回纳，这些都是缓解疼痛的方法。

孕妈妈孕五月的饮食胎教

你也许不知道

在怀孕五个月，如果平时的饮食注意合理搭配，孕妈妈的营养是不会有什么问题的。但是如果担心自己发胖或者是胎儿过大而限制饮食，此时很可能出现营养不足，严重的甚至会患贫血或者是影响胎儿的生长发育。

注意正确补充钙质

从本月起，孕妈妈应注意补钙，除此之外还需要加服鱼肝油。有一些孕妈妈因为补钙心切而大量服鱼肝油，这样的做法是不妥当的，因为过多服用鱼肝油，可能让胎儿的骨骼发育出现异常，造成许多不良后果。

孕中期必需吃的6类健康食品

碘：以海带为代表的含量较高的海藻类食品。硒：黄油、鱼、大蒜、贝类、小麦胚芽和苹果当中都含有大量的硒。维生素B_1：酵母、小麦胚芽、海藻类及大豆中含有大量维生素B_1。铁：海苔等海藻类食品，木耳、绿茶、竹笋、芝麻中都含有大量的铁。钙：干虾、沙丁鱼与奶酪中都含有大量钙。钾：晒干的海带、干萝卜片、干香菇中含有大量的钾。

治疗痔疮正确的饮食调理方法

多吃富含膳食纤维的蔬菜和水果，如马齿苋、芹菜、白菜、菠菜、木耳、黄花菜，以及苹果、香蕉、桃、梨等。

要多饮水，最好早晨起来后喝一杯盐水或蜂蜜水，可减少硬结粪便对痔静脉的刺激。

治疗痔疮错误的饮食调理方法

治疗期间吃辛辣食物，如胡椒、花椒、生姜、葱、蒜等，以及油炸和不容易消化的食物。

擅自服用大黄、番泻叶等泻药，易引起早产。

孕妈妈要均衡补充营养

随着胎儿的增大，需要的营养也不断增加。再加上前一阶段时间出现的妊娠反应，导致孕妈妈食欲不振，体内营养摄入不足，因此在孕六月，孕妈妈要均衡补充营养。

补充优质蛋白质

牛奶和豆浆中含有优质蛋白质，这对于胎儿的骨骼发育有很大的好处，也可以有效改善孕妈妈自身的营养状况。

孕妈妈孕六月的饮食胎教

你也许不知道

在怀孕的第21～24周，孕妈妈的饮食要点是强化其自身的肠胃功能，因为，如果能够强化母体的肠胃功能，就可以促进胎儿的筋骨形成和骨髓造血。

孕妈妈为什么要控制盐的摄取量

经常吃咸菜和虾酱等腌制品的人，要避免因摄取过多盐分而带来的不良影响。过量食用盐分，会出现以高血压为主的各种不良症状，给心脏带来沉重的负担。

另外，大量饮水会使孕妈妈水肿症状加重。即使是普通人，食用过咸的食品也是有害的。因此，孕妈妈更应饮食清淡，孕妈妈每天必需的盐不要超过5克。

多吃促进胎儿筋骨发育的食物

蛋白质是生命的基础，骨细胞的增生和肌肉、脏器的发育都离不开蛋白质。人体生长发育越快，则越需要补充蛋白质。

为了保证优质蛋白的供应，孕妈妈应坚持摄取牛奶、乳制品、肉类、鱼类、豆类。此外还要选择含丰富铁质和维生素B_1、维生素B_2的食物，并同时注重补充维生素A、矿物质和膳食纤维等其他营养成分。

食用海藻类食物，使孕妈妈和胎儿都受益

海带等海藻类食品不仅在缓解便秘方面有着极好的效果，还含有可以促进胎儿生长发育的特殊成分。

有运动习惯的孕妈妈若食用海藻类食物还可以使自己的运动能力得到很大的提升，从而为生下健康的宝宝打下良好的基础。

通过适当活动缓解水肿

有的孕妈妈可能出现水肿，特别是下肢水肿。所以，在家中孕妈妈可以做一些力所能及的事情，让身体得到适当的活动，以促进肢体的血液循环，消除水肿。

多吃含膳食纤维丰富的食物

膳食纤维含量丰富的食物有很多，常见的有冬瓜、芹菜、胡萝卜、青菜、五谷、豆类、梨、柑橘、李子、苹果、桃子、西瓜等，都富含水溶性纤维，也都属于高纤食物。

孕妈妈孕七月的饮食胎教

你也许不知道

在怀孕第25～28周中，孕妈妈所选择的食物必须具有强化肺部的作用，并且能够对胎儿的皮肤、毛发和大脑的发育有所帮助。

孕七月胎儿会有味觉吗

到了怀孕第28周，胎儿的味觉已经很发达了。例如，当孕妈妈直接服用葡萄糖时，可以观测到胎儿的心脏搏动次数明显增加。因为胎儿有摄取葡萄糖这种必需营养成分的强烈愿望，所以才想通过自己活泼的反应来表达这种愿望。

不宜多吃动物性脂肪

本月孕妈妈有可能面临妊娠高血压综合征的威胁，因此在饮食方面需要额外小心，不宜多吃动物性脂肪，日常饮食以清淡为佳，忌吃咸菜、咸蛋等盐分高的食品。同时，要保证充足、均衡的营养，必须充分摄取蛋白质，忌用辛辣调料，多吃新鲜蔬菜和水果，适当补充钙。

孕期水肿的食疗方法

水肿严重时可以考虑采取食疗法，即把鲤鱼的腹内掏空，在其中放入一把红豆后熬汤服下，或者把桑根皮和红豆按照同样的分量混合烧煮后饮用。

桑根皮和红豆不但具有显著的利尿作用，还可以有效预防与水肿同时发生的妊娠期高血压症状。

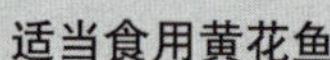

适当食用黄花鱼

黄花鱼营养丰富，鱼肉当中的蛋白质以及钙、磷、铁、碘等无机盐含量都很高，而且鱼肉组织柔软，易于消化吸收，也有助于孕妈妈补碘。

适当食用鲫鱼汤

鲫鱼汤，相信大家一点不陌生，它补钙、通乳的效果非常好，因此，孕妈妈在孕八月的时候可以适当喝一些鲫鱼汤，对于身体是非常有好处的。

孕妈妈孕八月的饮食胎教

你也许不知道

怀孕八个月时，孕妈妈可能发生妊娠期高血压综合征，表现为血压升高、蛋白尿和水肿三大症状，严重时会引起孕妈妈全身的痉挛，甚至昏迷。

因此，孕妈妈应该尽量避免食用盐分含量过高或具有强烈刺激性的食物。平时血压就偏高的女性，可以在怀孕期间尝试喝芹菜汁来预防妊娠期高血压综合征。

为什么要保证孕妈妈的孕期营养

众所周知，孕妈妈营养不良不仅会造成胎儿宫内发育不良，还会影响产后乳汁的分泌。因此，在整个孕期和哺乳期，孕妈妈都要摄入足够的营养，多吃富含蛋白质、维生素和矿物质的食物，为产后泌乳做准备。另外，在孕晚期，还要增加牛奶摄入量。

孕八月对孕妈妈有益的食物

可以给孕妈妈补充营养的食物有麦芽糖，含有大量亚油酸、卵磷脂和维生素E的花生以及蛋白质、钙质和铁质含量丰富的鲍鱼、牛肉等。芝麻、食醋及香菇、柠檬等新鲜蔬菜和水果对孕妈妈也很有好处。

保证孕妈妈热量的供给

到了孕八月，胎儿开始在肝脏和皮下储存糖原及脂肪，这个时候如果碳水化合物摄入不足，将导致母体内的蛋白质和脂肪分解与动员，容易造成蛋白质缺乏或酮症酸中毒，所以孕八月应该保证热量的供给。

保护心血管和健脑的食物仍然要吃

孕妈妈一定要保证蛋白质的摄入量，禽类、鱼类所含蛋白质中含有丰富的蛋氨酸和牛磺酸，可调节血压，保护心脏和血管，同时还可以保证胎儿的发育。

增加膳食纤维的摄取

此时，孕妈妈不能像之前那样大吃大喝了，而应该增加膳食纤维的摄取。建议平时多吃一些粗粮、水果，以及蔬菜的根和茎，蔬菜根部的膳食纤维含量是非常高的。

你也许不知道

怀孕33～36周，要强化孕妈妈的肾脏机能，从而可以促进胎儿的发育，并使骨骼变得结实起来。总而言之，这一时期的饮食宗旨就是帮助胎儿获得完整健全的身躯。

食用蒸制的食物有利健康

研究结果表明，经常吃蒸菜有利于健康。通常，食物在制作加热的过程中，需要热的介质来传导热量。如果热介质的传导效果不好，就会造成受热不均匀，轻则导致营养流失，重则改变食物结构，产生大量有毒有害物质。因此在孕晚期提倡孕妈妈多吃蒸制的食物。

预防早产可以吃什么

一般来说，不足37周出生的胎儿称早产儿。孕妈妈在平时经常摄取富含钙质和维生素的食物可预防流产和早产。

孕妈妈还应该吃一些维生素E含量丰富的食品。孕期缺乏维生素E很容易出现流产、早产等危险情况。在小麦胚芽、向日葵油和羊肉里含有比较多的维生素E。每500克的羊肉内含有45毫克的维生素E，还含有钙质112毫克、铁质21毫克和大量的维生素B_1、维生素B_2。

合理控制进食量

本月孕妈妈要控制脂肪和糖类食物的摄入，主食不应超过每日的标准摄入量。在摄入动物性食物时，要选择脂肪含量低的肉类和蛋类，如鸡肉、鱼类、虾、蛋类和牛奶。而猪肉等脂肪含量较高的食物应少吃。

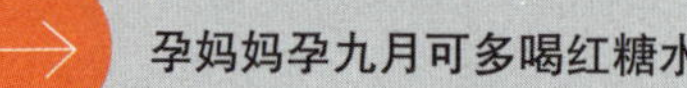

孕妈妈孕九月可多喝红糖水

红糖所含的葡萄糖比白糖多，饮服红糖后会让孕妈妈全身温暖。另外，红糖中铁的含量高，还可以给孕妈妈补血。不仅如此，红糖还具有利尿、防治产后尿失禁，促进恶露排出的功效。

饮食要为孕妈妈分娩做准备

分娩前的饮食可以给予孕妈妈一定的力量帮助，但临产前究竟如何吃，孕妈妈可以听从医生的具体安排。

孕妈妈孕十月的饮食胎教

你也许不知道

到了孕十月，孕妈妈应该充分摄取营养，进餐的次数可以增至每天5餐以上，以少食多餐为原则，应选择体积小、营养价值高的食物，减少食用营养价值低的食物，如土豆、红薯等。

分娩前为什么要采用“灵活战术”来进食

进入这个月，由于阵阵发作的宫缩疼痛，孕妈妈的胃口受到了极大影响，往往会因为疼痛而食不下咽，有时甚至会出现恶心现象。尽管如此，孕妈妈也不能不吃或少吃，这样对即将到来的分娩是很不利的。孕妈妈会因胃中缺食而乏力，进而导致产程的延长和其他异常情况的发生。因此，孕妈妈要学会宫缩间歇期进食的“灵活战术”。

巧克力是最佳分娩食品

孕妈妈分娩时需要足够的力量，而产力来源于食物。当前很多营养学家和医生都推崇巧克力，认为在各种食物中，巧克力为最佳分娩食品，完全可以充当“助产大力士”。其理由，一是因为巧克力营养丰富，含有大量的优质碳水化合物，而且能在很短的时间内被人体消化吸收和利用；二是由于巧克力体积小，发热多，孕妈妈吃起来很方便。

摄取可以促进母乳分泌的食物

孕妈妈需要在这一时期提前为哺乳工作做准备。维生素E就具有促进乳汁分泌的作用，这种成分主要存在于动物肝脏和酵母中。

此外，如果打算母乳喂养，从现在开始要比平时多补充40毫克维生素C，因为新生儿的出生会使孕妈妈缺乏维生素C。

榛子枸杞粥

榛子中含有丰富的不饱和脂肪酸，并且还富含磷、铁、钾等矿物质，以及维生素A、维生素B_1、维生素B_2、烟酸，孕妈妈食用对于胎儿的大脑发育有很大帮助。

棒骨海带汤

这款汤非常适合孕妈妈在分娩前食用，猪棒骨中含有大量的蛋白质和热量，能够为孕妈妈分娩提供能量，从而缩短产程，减轻孕妈妈的痛苦

★胎教小课堂★

美味可口的孕妈妈菜谱

【莴笋沙拉】

原料：莴笋80克，圣女果30克，豌豆苗10克，黄甜椒15克

调料：沙拉酱10克，原味酸奶20克，盐适量

做法：

①莴笋洗净并切成滚刀块，再用加了适量盐的沸水汆烫后捞起放凉备用。

②将黄甜椒切丝，与豌豆苗一起用沸水汆烫，捞起后用冷开水冲后备用。

③圣女果洗净去根备用。

④将圣女果放入果汁机中打碎，倒出后拌入沙拉酱、原味酸奶调匀做成圣女果调味酱。

⑤将莴笋、黄甜椒丝、豌豆苗摆盘，食用时淋上圣女果调味酱即可。

【香菇拌海带】

原料：干香菇3朵（洗净泡水），白芝麻20克，海带50克

调料：香油、酱油、冰糖各适量

做法：

①先将干香菇泡软后剪成条状，海带切丝。

②锅里放水，加入海带、香菇、酱油、冰糖共煮至海带入味。

③把香菇条、海带丝捞起沥干后，洒上少许的香油及白芝麻，再将香菇条、海带丝放入烤箱中烤酥即可。

教育孩子最大的成功，就是让他养成好的生活习惯。

——中国营养学泰斗 孙树侠教授

【枸杞薏米粥】

原料：薏米250克，枸杞子20克

调料：盐、味精各适量

做法：

①将薏米和枸杞子浸泡、洗净备用。

②电饭锅中放入薏米及600毫升冷水、400毫升枸杞子水（枸杞子先不放），烹煮至开关跳起，再焖10分钟，然后将枸杞子加入，利用余温稍焖一下即可。

③最后放入少许盐、味精调味即可。

给孩子最好的礼物，就是给他们健康的身体。

——中国营养学泰斗 孙树侠教授

【碧绿烧三冬】

原料：去壳冬笋100克，干冬菇5朵，冬菜30克，芥菜心100克，胡萝卜20克

调料：蚝油1瓷勺，花生油适量，姜末30克，素高汤半杯，精盐、冰糖各适量

做法：

①将芥菜心洗净切片，用滚水汆烫一下；胡萝卜去皮后洗净、煮熟，切花片；冬菜泡水洗净。

②去壳冬笋洗净，切片后煮熟。冬菇用水泡软，去蒂后挤掉水分。把上述两种材料放到热油中炸至金黄色后捞出。烧热花生油，先爆香姜末，再加入蚝油、精盐、冰糖及素高汤，接着放入冬笋、冬菇、冬菜，用慢火焖煮6～8分钟，待汤汁收干即可。

③把芥菜心跟胡萝卜炒一下，装饰在盘缘，再把煮好的食材摆上即可。

第三章

孕早期的音乐胎教：

给胎儿听音乐，宝宝注意力更集中

让小宝贝一起来听音乐

准爸爸、孕妈妈一起享受着美妙的音乐，两个人的脸上是如此的高兴、幸福，其实，小宝贝此时也正幸福地享受着音乐。

听优美、柔和的乐曲

每天放1～2次，每次放5～10分钟优美的胎教音乐，不仅可以激发孕妈妈愉快的情绪，还可以给胎儿的听觉以适应性的刺激作用，为进一步实施的音乐胎教打下基础。

不要以为胎儿对音乐没反应

你也许不知道

音乐在我们的生活中扮演着极其重要的角色。有时它使我们兴致高涨，有时它为我们解除忧愁。如同清凉饮料一般的音乐，无论对孕妈妈还是胎儿，都可以起到积极的作用。

胎儿对音乐有什么反应

每个胎儿都不一样，就像我们每个人也有自己的个性一样，但是，胎儿听到自己喜欢的音乐往往会表现出特有的兴趣。比如，听到你放的音乐，胎儿也许会停下来；如果是在静静的状态下听音乐，胎儿则会动。

3个月的胎儿就能听见音乐

有的人会问："孕妈妈欣赏音乐时，胎儿真的可以听得见吗？"答案是肯定的。孕妈妈能够听见的音乐时，胎儿基本上也都能听见。牛津大学出版社出版的《音乐的开端：音乐能力的起源与开发》对相关的最新研究结果进行了介绍，书里写道："尽管怀孕28周以后胎儿的耳朵才具备完整的外观，但从第3个月开始，胎儿就可以听见声音。子宫里的胎儿可以听见孕妈妈消化食物的杂音，循环系统内体液的流动声，以及孕妈妈的说话声和外界传入的各种声响。"

"怀孕第20～24周，胎儿已经具有了相当发达的听觉能力，在听见外部传来的声音时，其心脏跳动会出现变快或变慢的反应。"

开启美妙的音乐之旅

孕妈妈躺在床上悠闲地听着音乐，肚子中的胎儿此时也正在享受音乐的美妙，这是多么美妙的一件事情！

音乐让宝宝更敏感

让音乐陪伴着宝宝，影响着宝宝，对宝宝今后的大脑发育和观察力等有很大帮助，能够让宝宝对外界事物更加敏感。

音乐让胎儿情绪更稳定

你也许不知道

人类的脑细胞在数量和形态上并不具有个体差异，但脑细胞之间联络路线的多少决定大脑的发育程度。怀孕5个月以后胎儿的脑部就已相当发达，脑细胞数量接近成人的140亿，这时给予其一定刺激就可以使连接脑细胞的线路增多，从而对脑部发育产生明显的促进作用。

听觉对胎儿大脑发育起重要作用

在帮助胎儿脑部发育方面，听觉起到了90%以上的作用，这恰恰也是可以证明音乐胎教重要性的理由。音乐可以刺激主管各种感觉的右脑半球，只要持续倾听音乐，人的想象力和创造力都会有所上升。让宝宝在胎儿时期就喜欢上音乐，这样的宝宝在出生以后一定会在语言表达和集中注意力上表现出一定的优势。

给胎儿听音乐的正确方法是什么

胎教音乐有两种，一种是给母亲听的，优美、安静，以E调和C调为主的音乐；另一种是给胎儿听的，轻松、活泼、明快，以C调为主的音乐。具体方法还要因人而异，比如，对那些胎动比较明显的胎儿应该选一些轻松、安静的音乐。

音乐胎教激发宝宝对音乐的兴趣

音乐胎教从胎儿期就对宝宝进行刺激，让宝宝今后的兴趣更加广泛，特别是对音乐的兴趣。

音乐让孕妈妈心情舒畅

在孕妈妈心情烦躁的时候，舒缓、轻柔的音乐是安抚情绪，让孕妈妈情绪慢慢平静下来的有效方式，还能够帮助孕妈妈的情绪回归到宁静状态。

音乐促进胎儿大脑发育

你也许不知道

如果孕妈妈没有一定的音乐素养，那么甄别胎教音乐的音质、频率等都是一个麻烦事，因此，孕妈妈可以自己给胎儿哼唱歌曲，唱的时候要保持心情舒畅，富于感情，就好像宝宝就在自己的面前，这样才能够充分把心底的愉悦传递给胎儿。

影响胎儿大脑发育的四大因素是什么

遗传性疾病：近亲结婚、夫妇双方任何一方患有遗传性疾病，都会影响胎儿大脑的正常发育与发展。

环境污染：包括水源污染（重金属汞、铅等）、空气污染（汽车尾气、缺氧、吸烟等）、放射污染（X射线、微波等）、噪音污染等，都会导致胎儿智力发育障碍。

营养状况：大脑发育与功能的建立与营养密切相关，特别是叶酸、蛋白质的补充不足或缺乏，直接影响脑细胞的形成，影响胎儿的智力。

疾病和药物：孕早期病毒感染性疾病，以及不恰当地用药都可能影响胎儿脑细胞的发育。

音乐胎教对胎儿大脑的影响

总体来说，它会影响到胎儿的神经发育。在倾听节奏柔和、旋律优美的音乐时，不仅孕妈妈自己的情绪变得安定，还会将这种情绪传递给胎儿。当听到让自己愉快的声音时，人的大脑会产生强烈的α波，这种电波往往在大脑活性增强时才会大量散发出来。这一事实证明了音乐足以起到让大脑环境产生积极变化的作用。

听音乐有助睡眠

孕妈妈每天晚上睡觉之前，躺在床上倾听几首自己喜欢的音乐，能缓解一天的生活压力，从容、安稳地进入梦乡，让自己和胎儿都睡一个沉美的好觉。

音乐胎教不要固定

由于孕妈妈的文化水平、素质修养、欣赏水平、生活环境等不可能是完全一样的，有的孕妈妈喜欢听音乐，有的孕妈妈则对音乐不感兴趣，所以，不能对所有孕妈妈都使用固定的曲子。

音乐要让孕妈妈喜欢

你也许不知道

一切胎教方法的基础都是在减轻孕妈妈压力的同时让其保持心态平稳，音乐胎教也不例外。抱着一定要进行音乐胎教的想法去听一些连自己都不感兴趣的音乐，会使孕妈妈难受，也可能对孕妈妈造成相当大的压力。孕妈妈的各种心态都可能传递给胎儿，所以在这种情况下进行音乐胎教有可能适得其反。

以孕妈妈的喜好作为选择胎教音乐的标准

在进行音乐胎教的过程中，孕妈妈通过欣赏音乐获得情绪上的安定，与此同时这种安定的情绪还会传递给胎儿。所以，与音乐直接对胎儿产生的影响相比，孕妈妈本人在鉴赏音乐时产生的情绪反应对胎儿的影响更为深远。正因为如此，我们一定要把以孕妈妈的喜好当作最重要的胎教音乐为基准。

为了能在怀孕期间顺利地进行音乐胎教，最好在平时养成欣赏音乐的习惯。胎儿只会对孕妈妈喜爱的音乐做出最敏感的反应，因此孕妈妈不仅要根据自己的喜好选择音乐，还要在欣赏的时候保持平和、愉悦的心态。

孕妈妈听音乐时要注意什么

在欣赏胎教音乐的时候，孕妈妈还要加入丰富的感情色彩。例如，碧空万里的蓝天、悠悠飘浮的白云、彤红美丽的晚霞、连绵起伏的青山翠竹、清澈见底的小河流水，还有那夜色中宁静的月光等。这些胎教中的“音乐形象”，都将让你和宝宝沉浸在无限美好的艺术享受之中。

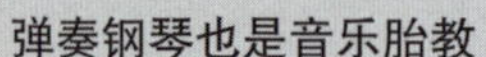

弹奏钢琴也是音乐胎教

弹弹钢琴，倾听指尖奏出的美妙声音，不仅可以放松孕妈妈的身体和心灵，还能够让胎儿的情绪更加愉快和安稳。

哼唱歌曲，加深感情

如果孕妈妈平时能够在挺着肚子的同时哼唱几首摇篮曲，那么胎儿就可以将母亲的声音与节奏感联系在一起加以记忆，同时进一步加深母子(女)之间的感情。

对胎儿有益的音乐胎教

你也许不知道

人们在听到某些声音的时候会有一种愉快安稳的感觉，因为那些声音包含着生命的节奏。这种节奏的专业术语是“1/F 波动”，这种波动可以消除人的不安全感。

给胎儿听自我创作的胎教歌曲

最容易引起胎儿好感的声音就是妈妈的声音。孕妈妈的说话声音可以通过骨骼和身体其他组织的振动传达到子宫里，对胎儿来说，它比其他任何的外部声音都更加清晰。

从妈妈那里听到的歌曲、诗和故事都具有很好的胎教效果。此外在散步的时候还可以低声哼唱一些歌谣，或者进行自我创作，谱一些较为简单的曲子给胎儿听，作曲时还要注意保持旋律的柔和与拍子的轻快。

古典音乐的胎教地位不可动摇

古典音乐正是因为含有大量的这种波动才会在胎教音乐中占据不可动摇的地位。这也就是为什么我们每次提到胎教都会首先想到古典音乐的原因。然而，这并不意味着只有古典音乐才适合当胎教音乐。

边听音乐，边摸肚子

孕妈妈在听音乐的时候，可以边欣赏优美的音乐，一边用手抚摸肚子里的胎儿，还可以轻轻哼唱歌曲，或者与胎儿对话，孕妈妈的这些举动，胎儿都能够感受到。

听音乐时孕妈妈要心情平静

胎儿对音乐的敏感度很多都是孕妈妈引导的。孕妈妈的动作，心情等很多方面，都会影响到胎儿的成长和发育，所以，欣赏音乐的时候，孕妈妈一定要保持平静的心情，安安静静地进入到音乐的圣殿。

孕妈妈欣赏音乐要注意方式、方法

你也许不知道

孕妈妈在决定听哪一类胎教音乐的同时还要选择相对应的胎教方法。尽管没有必要为欣赏音乐做什么特殊的准备，但在欣赏美妙乐曲时注意保持舒适的姿势对孕妈妈来说是非常重要的。

孕妈妈要专心欣赏音乐

有许多孕妈妈很重视音乐胎教，从早到晚一刻不停地听音乐，同时却做着一些其他的事情，比如，洗碗、读书或者扫地，这样是无法收到良好的效果的。孕妈妈只有保持积极心态，一心一意地进行音乐胎教，才能够使胎教达到最佳效果。特别是在专注的状态下尽情品味音乐的柔美，并对胎儿讲述与音乐有关的话题，这是一种非常合适的胎教方法。另外，比起从早到晚不停地播放音乐，每天只听1～2个小时才是较为恰当和正确的音乐胎教方法。

正确的音乐胎教方法

孕妈妈从孕26周开始让胎儿听胎教音乐，每次不超过20分钟，每天1～2次。

用录音机放音，孕妈妈距音箱1.5～2米，音箱的音强在65～70分贝。

如果用耳机在孕妈妈腹壁放音，则音量为60分贝即可。

胎教音乐在频率、节奏、力度和频响范围等方面与宫内胎音合拍。

错误的音乐胎教方法

选择胎教音乐音频达4000～5000赫兹，这种声音很大的胎教音乐对胎儿的听力损伤极大。

过早开始让胎儿听音乐。

播放音乐时使用普通传声器，增加了噪音。

早晨听舒缓的音乐

孕妈妈早晨起床后，可以听一些小清新、舒缓的音乐，有助于舒展身心，以饱满的精神状态开始一天的生活。

不听节奏感过于强烈的音乐

孕妈妈听音乐是为了把愉悦、放松的心情传递给胎儿，所以，不要听节奏感强烈的音乐，还应以舒缓和平静的音乐为主。

★胎教小课堂★

胎教音乐

【早晨起床后】

柴可夫斯基的《睡美人》中的《波兰舞曲》、《如歌的行板》、《小进行曲》。

莫扎特的圣乐曲《春的序曲》，舒伯特的《音乐瞬间》的第三首。

贝多芬的第六号交响曲《田园》；小约翰·施特劳斯的《蓝色多瑙河》。

格里格《培尔·金特》中的《早晨》、《索尔维格之歌》、《阿拉伯舞曲》、《安妮特拉之舞》。

培养儿童完美的判断能力，最好的办法莫过于培养对学问的兴趣和爱好，否则我们将只是教育一些满载书籍的傻子。

——蒙田

【休息的时候】

柴可夫斯基的芭蕾舞曲《天鹅湖》；维瓦尔第的《金翅雀协奏曲》。

克莱斯勒的《伦敦德里小调》、《天使小夜曲》、《罗曼史》、《爱的悲伤》、《十四行诗》、《幻想曲》。

激发生命，让生命自由发展，这是教育者的首要任务。在进行这样一种细致的工作时，需要有高度的艺术，要把握时机和恰到好处，不致造成干扰和偏差。孩子们的心灵正在充分发展，他们的生命依靠自己的力量，而我们只能是帮助他们。

——蒙台梭利

莫扎特的《小夜曲》；托斯蒂的《小夜曲》；古诺的《小夜曲》。

威尔第的《弄臣》中的《女人善变》、《美女如云》。

海顿的《小夜曲》。

史特拉汶斯基的《普钦奈拉》中的《小夜曲》。

亨利·曼西尼的电影《蒂凡尼的早餐》中的插曲《月亮河》。

贝多芬的《悲怆奏鸣曲》第二乐章《如歌的行板》。

【胎动明显时】

德沃夏克的《诙谐曲》；勃拉姆斯的《第五号匈牙利舞曲》、《圆舞曲(作品39之15)》。

肖邦的《第七号圆舞曲》；约翰·施特劳斯的《春之声圆舞曲》。

贝多芬的第一交响曲中的《小步舞曲》；莫扎特的《小步舞曲》。

阿尔贝尼斯的《探戈》。

【用餐时】

柴可夫斯基的《胡桃夹子》中的《花的圆舞曲》。

亨德尔的《弥赛亚》中的《哈里路亚》。

巴赫的《d小调管风琴托卡他与赋格曲》、《法国组曲》的第六首《波兰舞曲》、《管弦乐组曲》。

德沃夏克的《斯拉夫舞曲(作品e小调46之1、2)》。

肖邦的《军队波兰舞曲》、《离别曲》、《雨点前奏曲》、《即兴幻想曲》。

莫扎特的《一首小夜曲》中的第四乐章回旋曲。

【睡觉时】

舒伯特的《摇篮曲》、《圣母颂》、《野玫瑰》。

勃拉姆斯的《摇篮曲》。

贝多芬的《致爱丽丝》、《月光奏鸣曲》。

戈达尔的《约瑟兰的摇篮曲》。

克莱斯勒的《摇篮曲》。

德彪西的《月光》。

夏农的《爱尔兰摇篮曲》。

格什温的《夏日时光》。

胎动时听节奏明快的音乐

孕妈妈在胎动的时候，可以听一些节奏明快的音乐，这样有利于引起胎儿和孕妈妈的兴奋，但是节奏不可过快，以免引起孕妈妈的身体不适。

吃饭时也可以听音乐

孕妈妈在吃饭的时候，可以听一些舒缓的歌曲，这样有利于孕妈妈在一种安静和温馨的环境中进食，从而保证营养充分摄入。

第四章

孕早期的日记胎教：

亲自书写美好的孕育记忆

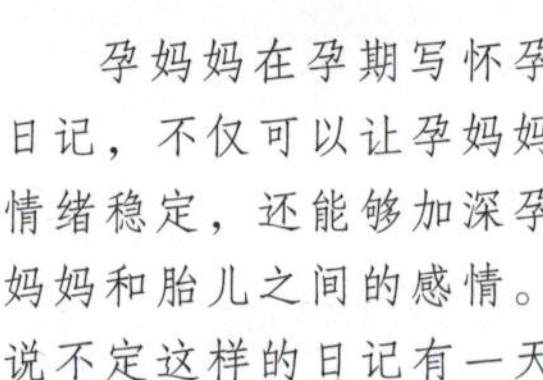

时下流行的怀孕日记

孕妈妈在孕期写怀孕日记，不仅可以让孕妈妈情绪稳定，还能够加深孕妈妈和胎儿之间的感情。说不定这样的日记有一天还可以发表哦。

快快乐乐写日记

孕妈妈在进行日记胎教的时候，可以把自己想对孩子说的话，写在日记本上，或是画在本子上，也可以边说、边写、边画，胎儿在妈妈肚子里也一定会有所感受。

写怀孕日记也是一种胎教

你也许不知道

受到体内激素变化的影响，孕妈妈在一天内可能时而忧郁，时而感到幸福，感情时刻处于起伏不定的状态。在这种情况下，孕妈妈最好养成写日记的习惯，写的时候心里可以想着将要出生的宝宝，借此来使自己逐渐进入宁静而平和的状态。

上网写怀孕日记

现在科技发达，一般家庭都有电脑，孕妈妈也会经常上网，可以利用电脑来写怀孕日记，有时还可以把自己的怀孕日记或照片上传到网络空间、博客或论坛上，这样，既能得到朋友们的关爱，又能够和大家分享怀孕的奇妙感觉，甚至自己孕期的许多困惑一发到网上，还会得到许多热心网友的帮助。

写怀孕日记已成为一种潮流

孕妈妈一边写日记一边让自己的内心变平和的过程就是日记胎教。在宝宝出生前写怀孕日记，出生后写育儿日记，这是一件非常有意义的事情。如今记录胎儿成长过程并写成怀孕日记已经形成了一股潮流。越来越多的孕妈妈把怀孕日记发表在育儿专题网站上，甚至还有一些热心的女性开始发表“怀孕预备日记”。

写日记让孕妈妈内心更加平静

怀孕期间，孕妈妈往往会有一种不安的感觉，因此，有必要对自己的内心进行一番探索。而在写日记的时候可以让自己的内心平和下来，并逐步加深对胎儿的爱。与丈夫一起写日记还可以增进夫妻之间的感情，夫妻关系会变得更加亲密，孕妈妈也会得到一种情绪上的安慰，这种安慰感自然而然地提升了胎教的效果。

准爸爸应该参与日记胎教

准爸爸可以和孕妈妈一起写怀孕日记，这样更有利于稳定孕妈妈的情绪，胎儿也能感受到来自爸爸妈妈双方的爱，对胎儿发育非常有利。

日记形式和内容可以很随意

很多孕妈妈可能觉得写日记是一件很麻烦和困难的事情，孕妈妈不要被自己束缚了，孕期里的日记形式很灵活，内容也可以非常丰富，写日记的目的只有一个，就是让孕妈妈始终保持良好的情绪。

孕妈妈如何写好怀孕日记

你也许不知道

写日记并不像说话那么简单，孕妈妈即使意识到了有写日记的必要，也未必知道该写些什么，有的时候甚至会觉得这是一件比写作业还要困难的事情。

理解胎教的根本目的

一切胎教方法的根本目的都是让孕妈妈内心变得更加安定和愉快，写怀孕日记也是一样。记录宝宝的成长过程并且用爱心去进行写作，这就是它的根本所在。

将消极想法转化成积极想法

孕妈妈应该将自己的真实想法坦率地写进日记当中。在怀孕期间，孕妈妈的感受并不仅仅是舒适和幸福，还会对即将成为母亲的事实感到不安，担心自己生下畸形儿，担心怀孕之后夫妻关系疏远，对此，孕妈妈首先应该做到客观地面对它们，并且把这些担心写到日记中，来缓解和释放自己的恐惧心理。

买自己喜欢的笔记本

学生专用的笔记本或是带有漂亮图片的手册都是不错的选择。孕妈妈应该把买来的日记本放在最显眼的地方，能够在任何时候进行记录。孕妈妈还应该把它当作自己在怀孕期间最亲密的朋友，与其分享所有的秘密和心里话。

在写日记的时候，千万不要拘于形式，应该完全按照自己的想法来记录。孕妈妈可以把它写得很长，也可以写得很短，甚至写成一封信也没有关系。

阅读其他孕妈妈的怀孕日记

对于第一次写怀孕日记的孕妈妈来说，肯定不知道如何下笔，不知道该写些什么，如果你是这样的情况，不妨先看看其他孕妈妈的怀孕日记吧，相信会对你有所帮助。

正能量日记

想象一下，日记和花在一起，这是多么美丽的一个画面。孕妈妈在写日记的时候，无论是美好的记录，还是情绪的宣泄，最终孕妈妈通过写怀孕日记获得的还是正能量。

记录每周胎儿和自己的变化

在写日记时，孕妈妈应该从心里跟宝宝进行对话。除了文字内容以外，孕妈妈还可以把B超检查的照片贴在日记本里。或者拍下自己每个月发生的外貌变化，并贴在日记本里，今后也一定会成为美好的回忆。

写完日记要大声朗读

孕妈妈写完一篇日记后可以自己朗读出来，胎儿一定会对爸爸妈妈充满爱意的声音产生好感，这样一来就顺便起到了语言胎教的作用。如果孕妈妈感到写日记压力很大，可以偶尔尝试一下写信。写完信之后应当像写好日记一样，用舒适的姿势躺下来并大声地朗读给胎儿听。

完美胎教日记的内容是什么

一本好的胎教日记往往涵盖怀孕期间孕妈妈和胎儿的所有身体变化，在刚刚得知怀孕消息的日子，第一次感觉胎动的日子，在B超检查时看到胎儿模样的日子，听到胎儿心脏跳动的日子等这些特殊的日子里，孕妈妈可以把自己的喜悦感和神秘感一一记录下来。

正确的日记胎教写法 记录胎教的全过程，包括养胎、安胎、护胎的各种措施，以及医护人员产前检查，孕期指导的情况；写成随笔式，或者写成日记式和其他的形式；用心，用挚情去书写。

错误的日记胎教写法 内容记录不全面；为了应付不用心去写；形式过于死板和牵强，得不到应有的效果。

怀孕日记的书写形式多种多样

怀孕日记的书写有很多种形式，你看这位孕妈妈正在悠闲地通过IPAD书写怀孕日记。但是孕妈妈一定要控制好接触电子设备的时间。

怀孕日记没必要天天写

孕妈妈在写怀孕日记的时候，可以每天进行，也可以隔两天或者三天记一次，根据自己的实际情况即可。总之可以记录任何有意义的事情。

★胎教小课堂★

一起来欣赏孕妈妈的胎教日记

昨晚看《完美胎教一本通》，很高兴地知道了三个月的宝宝竟然能够对按压抚摩有反应！我在兴奋和惊讶之余就开始了全方位的胎教旅程。

营养胎教：由于呕吐和肠胃混乱，我非常偏食！宝宝现在还不需要特殊的营养。我吃东西已经开始注意了。今天上午10点加餐了1个橘子和半个苹果。听芝宝贝专家介绍，这时多吃西瓜能够促进宝宝的智力发育。

环境胎教：我每天上班都穿防辐射服，回到家中打开窗户保持室内的空气清新。

情绪胎教：我看了一些有意思的故事书，特别是一些励志的故事，虽然它的内容不是那么的优美，但是大多数是立志向上，坚强不柔弱的。让我在保持安静和悦的心情的同时，还能够给宝宝传递一种积极向上的能量！

运动胎教：我的身体虽然恢复了一些，但还是不舒服，所以运动胎教就先搁置了。

音乐胎教：早6点50分准时起床，之后跟着MP3唱自己喜欢的歌曲《一个像夏天一个像秋天》、《神话》。我看书上介绍，妈妈开心地哼唱歌曲，对宝宝是最好的胎教！而且我还非常想听《天鹅湖》交响乐，但是可惜，我现在还没有买到光盘。

语言胎教：到现在为止，宝宝的听力还在发育过程中，我也不知道宝宝有没有记忆能力。我朗诵了唐诗和《安徒生童话》，有的时候还会挑选一些励志的小故事，希望能够感染宝宝的情绪。

抚摩胎教：这是让我感到最兴奋的内容了，书上介绍说，早上和晚上对宝宝各做3～5分钟的手指按压运动，就可以有效激励宝宝的运动细胞。但是，因为宝宝还不足4个月，还没有完全脱离容易流产的危险期，因此，我在进行抚摸胎教时尤其注意节制。

习惯胎教：孩子的很多习惯都是在胎儿的时候由妈妈引导养成的，所以，我告诉自己一定要在这个时候培养宝宝良好的习惯！你们瞧，我今天很早就起床了。

对孩子来说，最重要的不是天分，而是后天的教育。0～5岁的教育将决定孩子最终是天才还是蠢材，这并不是由天分的多少决定的。

——卡尔威特

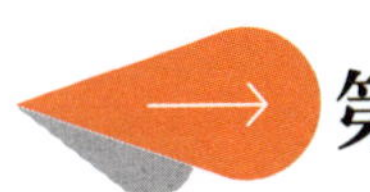

第五章

孕中期的童话胎教：

跟胎儿进行更贴心的情感交流

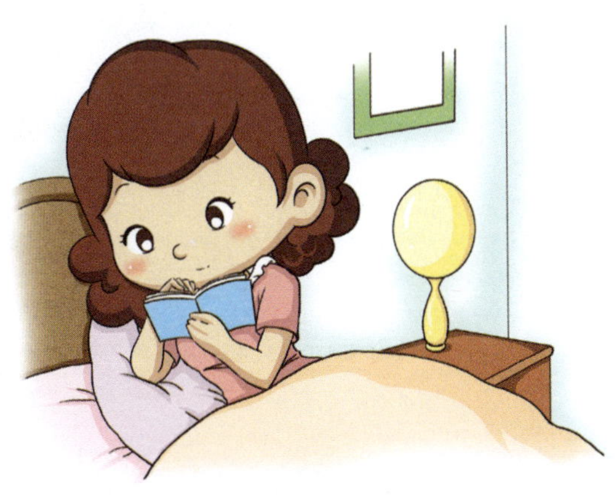

阅读刺激胎儿大脑发育

孕妈妈专心地阅读童话书可以刺激胎儿的大脑发育，激发胎儿脑细胞。

孕妈妈和胎儿情感沟通的桥梁

如果希望胎儿通过与妈妈的情感沟通，渐渐成长为充满勇气、情感丰富的宝宝，就开始童话胎教吧。

读童话书会给胎儿带来好处

你也许不知道

和准爸爸一起给胎儿读一读童话书，通过那些动听的故事可以培养宝宝的潜力，此外，不仅父母与孩子之间的亲子关系会得到加深，丈夫和妻子之间的爱情也会变得更加浓厚。每天坚持拿出30分钟读童话书，让整个家庭一起度过这充满幸福感的胎教时间吧。

怀孕中期要积极实施童话胎教

从胎儿的听觉还没有开始发育的怀孕初期起着手进行准备，到怀孕中期开始积极实施童话胎教，使胎儿不断受到良性刺激。童话胎教时，胎儿仍然无法听到孕妈妈的声音，但孕妈妈和准爸爸能真切地感受到一个新的生命降临到自己面前，并开始细心呵护他（她）。

培养胎儿的潜力

胎儿的听觉功能在怀孕中期就已接近发育完毕，此时胎儿会对外部的刺激做出反应。这时，如果准爸爸和孕妈妈能够用温柔的声音为其读一读童话故事就可以刺激胎儿脑部，从而达到提升和开发胎儿潜在能力的效果。

童话胎教和语言胎教具有密不可分的重要联系

胎教的各种措施就是输入良性信息刺激，读童话书是刺激宝宝神经网络的方法之一。用母亲的声音读出的每一个美丽童话都将给胎儿带来好的影响，可以轻松地与胎儿进行交流。其实与胎儿进行交流并不是一件容易的事情，这时童话胎教就可以帮上大忙。

快乐地为宝宝讲故事

孕妈妈正在声情并茂地给胎儿讲故事，孕妈妈都这么高兴，肚子里面的小宝贝一定也能感受到妈妈的这份快乐。

让宝宝感受到你的爱

孕妈妈可以把对宝宝想说的话写出来，并且读出来，相信你所做的一切，胎儿一定能够感受到的。

进行童话胎教时需注意的问题

你也许不知道

在孕妈妈睡觉之前，即使只有30分钟的空余时间，也应该将其利用起来给胎儿讲一讲童话故事。这种做法对于胎儿潜在能力的培养具有非常大的帮助。通过不同的童话故事，不仅可以将勇气和友情等概念传授给胎儿，还可以培养胎儿的想象力和好奇心。

给宝宝起小名，并运用口语来讲述童话故事

给宝宝起了小名以后，你可以把童话书里主人公的名字改成宝宝的小名，并运用口语来讲述这个故事。这样在读故事的时候孕妈妈就会觉得自己的宝宝和故事的主人公合二为一，从而使自己对宝宝的感觉变得更加亲切。另一方面，如果孕妈妈把故事讲得声情并茂，也可以更多地吸引宝宝的注意力。

孕妈妈要注意发音的准确性

无论读书的对象是谁，在朗读时都应该注意发音的准确性，因为只有这样才能完整地表达出书中的意思。这一点在给胎儿朗读时也不例外，如果孕妈妈的发音不够准确，朗读的效果也一定会大打折扣。

声情并茂地为宝宝讲述童话故事

首先要留意一下书名、作者和插画信息；按照顺序欣赏书中的插图并将自己的想象具体化；将自己的具体想象描述给宝宝听，注意不是说明，而是描述。要把整个画面在脑海中先勾勒出来，把眼睛看到的和心里感受到的客观地表述出来，用饱含深情的声音朗读书中的童话故事，再在白纸上按照自己的印象把书中的插画再画出来。

在安静的环境下阅读童话书

孕妈妈在阅读童话书的时候，一定要选择安静的环境，并且要注意读书时身体的姿态，千万不要让自己太累了，只有这样才能够达到最佳的童话胎教的效果。

选择适合的童话书

图文并茂，内容生动、简单，语言温馨的童话书，更适合胎教阅读。

童话胎教的朗读方式

你也许不知道

事实上，胎儿几乎在任何时候都期待着母亲柔和的声音，所以孕妈妈应该打起精神，用清亮的嗓音为胎儿朗读。在读的时候最好能够像平时说话一样，保持着那种随和、温暖而又富有感情的语调和状态。

孕妈妈进行童话胎教要注意姿势

孕妈妈隆起的腹部，如果姿势不对，会感到很难受。孕妈妈应该在最舒适的状态下慢慢地读童话故事给胎儿听，边走边读的方式也很好。这样做既可以让孕妈妈得到锻炼，又可以使胎儿接受有益的振动刺激，可谓一举两得。

抚摸腹部朗读、准爸爸参与朗读都是很好的童话胎教方式

像语言胎教一样，孕妈妈也可以在抚摸腹部的同时朗读童话书。这样做可以给胎儿带来一种温暖的感觉，使童话胎教的效果倍增。童话胎教必须每天坚持才可以获得成效。此外即使只能抽出很短的时间，孕妈妈也应该选择一天中心情最愉快的时段朗读童话。想让准爸爸一起参与，晚上8点往往最为合适，胎儿的睡眠时间很长，其听觉神经最为敏感的时段就是晚上8点左右，准爸爸在这个时间为其朗读可以取得最佳的效果。

偶尔根据图画的内容改编故事

在读童话书之前，孕妈妈完全可以根据故事的内容及图画对原有故事的情节进行改编，可以加入孕妈妈的情感表达，或者用配音乐的方式来讲故事等，这样做将为孕妈妈和胎儿带来很多的乐趣。在进行改编故事这种再创作的时候，孕妈妈完全可以从那些之前没有留意到的小幅插画开始。

认真给胎儿讲故事

孕妈妈一边认真阅读童话书，一边认真地思考着，如此专注的表情肯定在想如何绘声绘色地给胎儿讲这个童话故事呢！

发挥孕妈妈的想象力

孕妈妈在给胎儿讲童话故事之前，自己要读懂故事的内容，在叙述的过程中，完全可以发挥自己的想象力，让故事情节更加完美。

童话胎教的意义重大

你也许不知道

提起胎教时用的阅读材料，人们很自然地会联想到童话书。然而在怀孕之后最先应该做的是学习与怀孕有关的知识，这也是一种胎教。初次怀孕的女性不会有任何相关的经验，所以会害怕或茫然，有这样的感觉是很自然的事情。自己的身体将会发生什么样的变化？胎儿将如何生长？现阶段可以为胎儿做哪些事情……孕妈妈应该了解这些事情。

怀孕中期的童话胎教意义重大

孕妈妈需要根据胎儿感觉器官发育的程度给予适当的刺激，而孕妈妈本身则由于畏惧情绪的消失和孕吐症状的减轻开始逐渐进入平稳的状态。在怀孕中期，胎儿最需要的是好奇心和理性的刺激，因此孕妈妈可以购买童话书，特别是能够让人自由想象的创作性童话书来阅读。

童话书帮助孕妈妈减轻压力

随着预产期的临近，孕妈妈可以读一些轻松、欢快的童话来减轻自己对分娩的恐惧情绪，使内心逐渐平和下来。

选择这样的童话书

选择颜色鲜艳，故事内容生动优美的童话书。

能营造温馨气氛的童话书。书中的文字和插图应显得较为协调。

内容简单，孕妈妈自己都会对其产生兴趣的童话书。

不选择这样的童话书

内容不适合孕妈妈阅读，特别是一些晦涩难懂的童话故事。

单纯的只有童话故事的内容，没有配备优美的插图。

童话书的印刷质量较差，字迹模糊不清，不便于孕妈妈阅读。

童话书的印刷味道较大，不利于孕妈妈和胎儿的健康。

边读边听

在阅读童话书的时候，孕妈妈也可以配合听一些有声光碟，那抑扬顿挫的朗读声对于孕妈妈和胎儿来说，都是一种美的享受。

制作小手工

孕妈妈还可以根据所阅读的童话书中的故事和人物，做些简单的制作，并且配上色彩，这样可以让胎教变得充实而有趣。

★胎教小课堂★

专家推荐：对胎教有益的童话书

《晚安，宝贝：睡前10 分钟胎教故事》

这本书分为和宝宝一起分享爱、和宝宝一起感受幸福、和宝宝一起体验快乐、让宝宝拥有一颗感恩的心、和宝宝一起倾听美妙的声音、和宝宝一起甜蜜入梦六部分。每部分内容生动形象地展示了关于爱、幸福、快乐的故事，孕妈妈在阅读时，不仅可以使自己的心情舒畅，还能影响胎儿，让胎儿感受到如诗一般的语言，如童话一样美的情景，甚至还能对胎儿的大脑产生有利的刺激，有益于宝宝出生后的智力和情感发育。

亲爱的，夜深了，躺在床上静静地阅读这本书吧！让胎儿和你一起进入甜甜的梦乡。

《宝贝，来，听爸爸讲胎教故事》

这本书为准爸爸选取了适合的胎教故事或童话诗，它包含了与生命、笑容、饮食、声音、动物、大自然、友情和爱有关的内容。每个故事或童话诗的结尾处都设有“准爸爸说”小栏目，以便准爸爸与胎儿分享故事心得，加

深亲子感情。

除了胎教故事和童话诗，我们还特别为准爸爸介绍了讲故事的方法和应该了解的一些胎教知识。相信准爸爸在进行胎教的过程中，也会和孕妈妈一样，体验到和胎儿互动的幸福，同时，也可以让准爸爸做好育儿的心理准备哦！

《honey，听，最美胎教音乐》

音乐胎教，是利用音乐对胎儿不断地进行一定的刺激，为后天的智力更高、音乐水平更加优秀奠定基础。从心理方面讲，音乐胎教可以让孕妈妈心情舒畅、浮想联翩、安宁轻松，从而有效消除不良情绪，使内心保持清静美好。

这本书为孕妈妈选取了66首清新、舒缓的胎教音乐。而且，这本书使用二维码扫描听音乐的新模式，让孕妈妈可以轻轻松松、随时随地听胎教音乐。

每一首音乐都介绍了对胎儿的影响内容，让孕妈妈更了解自己听音乐的好处，可以有针对性地选取自己喜爱的音乐。

第六章

孕中期的氧气胎教：

促进胎儿脑部的发育

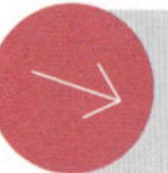

孕妈妈运动时，准爸爸应陪同

在孕妈妈进行有氧运动的时候，准爸爸应该陪同，这样既能让孕妈妈心情舒畅，又能很好地保护孕妈妈。

郊外踏青好处多

在孕妈妈身体情况允许的条件下，可以在准爸爸的陪同下一起去郊外进行踏青，多呼吸大自然的新鲜空气，对于胎儿的成长是非常有好处的。

散步是最好的氧气胎教

你也许不知道

氧气胎教就是要徜徉在大自然中，孕妈妈散步，目的是为了放松身心，因此，走走停停，保持心情愉快，这样最佳。

散步的最佳时段是上午10点到下午2点，在这段时间里孕妈妈的状态较为稳定。其实，散步不用过于在乎时间，只要避开强烈的紫外线照射和饱腹状态就行了。每天散步30分钟就可以起到孕妈妈和胎儿共同锻炼的效果。一般来说每周最好散步3~5次，孕妈妈也可以根据自己的身体状况进行适当的调节。

孕妈妈散步时要注意三方面的问题

穿上较为舒适的便鞋：孕妈妈最好穿较为舒适的便鞋，开口宽敞、低面、弹性好的鞋子是最佳选择。另外，孕妈妈还应该穿上袜子，这样就能更好地保护脚了。

补充水分：应事先准备好大麦茶和矿物质饮料以备散步时饮用。给身体供给充足的水分可以预防脱水。空腹散步会加速身体的疲劳，所以最好在散步前1小时摄入适量的食物。

腹部抽痛的时候要立即停止散步

孕妈妈在身体疲倦时很容易产生腹部抽痛的感觉，此时要立即停止散步。散步时要注意放慢速度，觉得累了可以停下来休息片刻再继续走，若出现冒冷汗或眩晕的情况，则应立刻前往医院接受诊断和治疗。

感到疲倦或心情不佳，最好坐下来休息片刻

孕妈妈很容易出现关节松弛、肌肉抽筋等现象，并可能因此受伤，所以散步时最好选择一些地面平坦的场所，如平坦的道路或草地上。特别注意不要选上坡路，因为会给孕妈妈腹部造成很大的压力。

孕妈妈开始散步之前，要确认身体不存在任何问题
孕妈妈在进行有氧运动之前，一定要记得去与医生沟通，看看现在的身体条件是否能够进行这项运动。
事先准备好大麦茶和矿物质饮料
孕妈妈在散步的时候，身体会消耗一定的水分，由于胎儿对于水分的摄取量是相当大的，所以孕妈妈一定要及时补充水分，千万不要等到口渴了再喝水。

散步要量力而行

你也许不知道

孕妈妈在身体吃不消时坚持散步反而会造成很大的伤害。最好能根据自己的身体状态来调节走路的速度并保持愉快的心态，这样才能在散步中获得最佳的效果。

放松呼吸

为了更多地吸入清新的空气，孕妈妈掌握一种好的呼吸方法格外重要，如孕妈妈可以在用鼻子吸入长长的一口气之后稍作停顿，然后随着“呼”的一声把气息从口中呼出。孕妈妈在发生阵痛时也需要使用到与此类似的呼吸方法，所以从现在开始孕妈妈就可以提前练习。

孕妈妈需要了解散步的一些细节

不要过度散步。在怀孕期间，锻炼的目的就是维持身体所需要的锻炼水平，而不是进行任何的比赛，所以，千万不要超出身体所能够承载的范围。

注意调整身体的平衡性。隆起的腹部将影响到孕妈妈的重心，所以在孕妈妈走路的时候有更多的重量在腰部。

不要在炎热的天气里散步。怀孕期间如果在炎热的天气下运动，身体很容易过热，所以在这种天气下最好是留在室内进行简单的运动。

听从身体的指挥。假如医生建议孕妈妈需要停止散步的时候，就要立刻停止。

沐浴在大自然之中

让孕妈妈经常到花草茂盛、绿树成荫的大自然中去，走进大自然，接触大自然，感受森林浴的畅快。

穿宽松的衣服和鞋子

孕妈妈在散步的时候，尽量穿轻便而宽松的衣服，这样可以使皮肤更多地接触空气中的植物杀菌素，除了尽量穿运动鞋之外，还应该选择鞋底较厚的鞋子。

孕妈妈如何选择散步环境

你也许不知道

据有关资料表明：汽车尾气中的一氧化碳与人体血红蛋白的结合能力是氧气的250倍，对人体的呼吸循环系统有着严重的危害。尾气中的氮氧化合物主要是二氧化氮，对人和植物都有极强的毒性，能引起呼吸道感染和哮喘，使肺功能下降，对孕妈妈和胎儿的影响非常大。

孕妈妈应多在幽静的绿荫路上散步

有条件的孕妈妈最好经常置身于返璞归真的大自然中做森林浴，因为这里的空气特新鲜，含尘量要比闹区低30%以上，噪音也低20分贝以上。这种环境既可使孕妈妈的精神得到放松，又可得到充足的“空气维生素”——空气负离子，从而祛病健身，还可使心情变得舒缓、平静，对腹中的胎儿生长发育十分有利。

散步要注意选择地点

爱热闹的孕妈妈喜欢在闹区的街道上散步，觉得这里很热闹，可以看到满街的热闹景象，但是人多车多，空气较为浑浊，孕妈妈深处此处时间稍长，会感到不适，如肌肉酸软及头晕目眩等。另外，这样人群密集的地方，对孕妈妈及胎儿的安全也有隐患。匆匆过往的人群很难照顾到孕妈妈的存在，容易撞倒甚至撞伤孕妈妈。

最适合孕妈妈散步的场所

花草茂盛、绿树成荫的公园和熟悉的乡间小路是最适宜孕妈妈散步的场所。这些地方空气清新、含氧量高，尘土和噪音少。孕妈妈在这样宜人的环境中散步，会感到身心愉悦。

散步带给胎儿的好处
经常进行散步等户外运动，可以增加胎儿的运动机能，让胎儿对于皮肤的刺激更加敏感。
孕妈妈经常户外晒晒太阳
孕妈妈应该多晒晒太阳，这样可以通过阳光促使体内钙的吸收，使体内胎儿的生长更加健康，如果孕期缺钙，就容易对胎儿的骨骼产生不利影响，增大日后发生运动系统异常的概率。

大自然与氧气胎教

你也许不知道

大自然是无限美好的，它使人大开眼界、增长知识、陶冶情操，同时得到娱乐和休息。为了宝宝的健康，孕妈妈一定要多到大自然中去，陶冶母子的性情。

太阳与氧气胎教

太阳光可以促进血液循环，杀灭麻疹、流脑、猩红热等传染病的细菌和病毒，还能促使母体内钙的吸收，促进胎儿的骨骼生长发育。

其实，大自然中美丽壮观的景色本身就是一幅美妙的图画：哗哗的流水声、鸟儿的鸣唱等都是很好的胎教内容。而这些胎教内容有了太阳光的照应，更净化了孕妈妈的心灵，让胎儿更健康地生长发育。

氧气胎教有利于胎儿大脑发育

人类世世代代在大自然这片绿洲上生存、繁衍，感受到了它的广阔、神奇、美丽、富饶和温馨。因此对一个新生命来说首先要让他了解大自然，这也是促进胎儿智力开发的重要胎教基础课。

大自然中新鲜的空气有利于胎儿的大脑发育，有人曾在动物身上做实验：将怀孕的兔子和老鼠分别放在箱子里，然后观察结果，发现它们所生的幼仔出现无脑畸形的概率非常高。这项实验说明氧气对大脑发育的重要性，这一点对人类来说也是一样的。

大自然可以给胎儿提供充足的氧气，郊外、公园、田野、海滨、树林等对人身心健康极其有益的负离子每立方厘米含量可高达数千，甚至上万个。但是在我们生活的城市室内，每立方厘米却只含40～50个负离子。因此，孕妈妈应经常到大自然去吸收这种“空气维生素”。

挺直腰身走路

孕妈妈应注意散步姿势

孕妈妈在进行有氧运动的时候，不要过于激烈，要做到姿势正确。背直、抬头、紧收臀部、脚跟先着地，保持身体平衡。

天气寒冷尽量不要外出

在天气暖和的情况下孕妈妈外出进行运动是很好的选择，但是如果天气过于寒凉，孕妈妈可以在家中进行瑜伽、冥想等运动。

有氧运动促进胎儿的大脑发育

你也许不知道

氧气在人类脑部活动中扮演着非常重要的角色。脑部的氧气供给中断短短的10秒钟，就会给大脑带来非常致命的伤害。因此，孕妈妈应该为腹中的胎儿考虑，保证充足的氧气供给。

有氧运动的注意事项

每次运动开始前，缓和的热身运动千万不能够省略。

运动后起身的时候，一定要慢，避免晕眩跌倒。

运动量不求大，但是必须持之以恒，三天捕鱼两天晒网，是无法达到有氧运动效果的。

最简单的氧气胎教法

在各种氧气胎教的方法中，最简单的要属散步和森林浴了。通过适当的散步和森林浴使孕妈妈吸入充足的氧气，不仅可以促进胎儿脑部的发育，还能够对很容易感到忧郁的孕妈妈起到调节心情的作用。

在寒冷的冬天或是其他不适宜外出的时节，孕妈妈可以打开家里的窗户进行换气，并借助简单的体操运动增加氧气的吸入量。

氧气对胎儿的影响

美国彼兹堡大学的研究小组发现：在较为安静且营养和氧气供给充足的子宫环境中生长的孩子智商明显偏高。

胎儿的脑部在怀孕4～6个月时发育最为迅速，这时必须为其提供充足的氧分。

大自然中的一切是那么的美好

徜徉在大自然中的孕妈妈，脸上的微笑多么甜蜜，心情自然也是非常愉悦的。

放松身心的有氧运动

孕妈妈缓缓地走在绿树成荫的小路上，呼吸着大自然赐予的新鲜空气。沐浴着温暖的阳光，身心是多么地惬意。

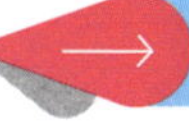

了解“森林浴”氧气胎教法

你也许不知道

森林浴对完全暴露在压力环境和各种污染之下的现代人来说是一种极佳的保健方法。不仅如此，这种使身体和心情都变得舒畅的活动给孕妈妈带来的积极作用也是不可小视的。

森林浴的效果

在你踏入森林的一刹那总会闻到一股树木特有的清香味道，这种味道来自植物杀菌素当中的主要成分——萜。萜又名松烯，它在起到抗菌作用的同时对身体的活性化过程产生帮助。萜被身体吸收之后会轻微地刺激人的皮肤，提高人体的活性，促进血液循环，并达到使人的心情安定下来的效果。

森林浴可以使孕妈妈的自由神经变得镇定，还可以起到促进新陈代谢并强化细胞和脏器功能的作用。安定身心，增强胎教效果。特别是为由于怀孕而产生压力的孕妈妈提供很大的帮助。

什么是森林浴

所谓森林浴，就是一种在呼吸新鲜、清爽空气的同时在森林里漫步或休憩的活动。走进森林，当孕妈妈将新鲜、清爽的空气和树木散发出的幽香一口气吸入体内时，身体和内心的所有疲劳感都会被一扫而光，它将给生活重新带来活力。实际上，大量的研究结果证明了森林里的空气对人体健康有益这一事实。

漫步林中，心情为何如此好

在进入树木繁茂的森林中，无论是谁都会感到自己的心情变得爽快起来。这实际上是植物杀菌素的功劳。植物杀菌素是植物为了保护自己不受细菌的侵害而不断释放出的一类芳香性物质，即所有植物产生的杀菌性物质的总和。

综合散步法

综合散步法对于孕妈妈而言，具有活动全身的效果。

交替散步法

交替散步法的节奏更快，对于孕妈妈的体力消耗也更大，但是能够让孕妈妈腿部的肌肉得到锻炼，有利于自然分娩。

★胎教小课堂★

孕妈妈饭后散步的3种方法

【舒缓散步法】

首先放一些轻松舒缓的音乐，然后按节奏行走，步伐不要太大，自我感觉轻松舒适就好，同时，双臂自然在身侧摆动，幅度不必太大，配合深呼吸（将充足的空气从鼻孔吸入肺部，由嘴部呼出）这种散步方式可扩张肺部功能，锻炼分娩时需要的呼吸技巧。

【交替散步法】

所谓交替就是快慢结合，首先从慢走开始，利用慢走热身，10分钟左右即可。随后，步伐稍微加快，1～2分钟即可。接着，快步行走近似小跑，2分钟即可。如此循环4～5次，其中自第二次交替开始，慢走减为5分钟，结束时，慢走5分钟，放松身体。这样可以锻炼腿部肌肉力量，帮助自然分娩。

【综合散步法】

就是在交替散步法基础上，添加肢体动作，达到活动全身的目的。比如，每做完一个循环，双腿微叉至臀宽，手臂抬起起至与肩同宽，手掌向前伸展，然后匀速下蹲3～5次；一手掐腰，另一只手臂前伸，上半身向手臂掐腰一侧转动，同时匀速下蹲。这一过程也是3～5次，做完换方向，同上。

散步有利于日后分娩

舒缓的散步方法，能够有效缓解孕妈妈紧张和疲惫的身体，对于日后分娩呼吸技巧的掌握有很大帮助。

散步让孕妈妈身心健康

散步对孕妈妈很有益，它可以增强腿部肌肉的紧张度，预防静脉曲张，增强腹腔肌肉，但是，孕妈妈一旦感到疲劳要马上停下来休息几分钟。

第七章

孕中期的旅行胎教：

让孕期生活变得更充实

旅行前咨询医生

旅行对于孕妈妈来说是很有必要的，但是由于孕妈妈身体状况的特殊性，所以一定要在旅行之前咨询并且听从医生的意见。

来一场放松身心的旅行

孕妈妈旅行的目的就是为了放松心情，所以，在旅行的地点选择上需要特别注意，要牢记孕妈妈旅行的目的。

孕妈妈要考虑多种情况

你也许不知道

怀孕期间，孕妈妈完全可以不厌其烦地“打扰”妇产科医生，并借此来减轻自己心中的不安。所谓“打扰”，就是毫不犹豫地询问自己想知道的东西。

特色美食虽好，也要注意卫生

一个地方的传统食品或是特色美食对于旅行者来说的确是不可抗拒的诱惑。在农作物的原产地品尝新鲜而美味的食品，不仅能够为自己摄取营养，还可以起到改变心情的奇妙作用，在这样的气氛下，无论是孕妈妈还是胎儿都会有一种幸福的感觉。但是，孕妈妈一定要注意食物的卫生，不能乱吃东西，以免发生不适症状。

旅行中孕妈妈为什么不能憋尿

孕妈妈在怀孕期间很容易出现尿频的现象，而且这种现象还会随着分娩的临近变得越来越严重。在旅行时，寻找洗手间对孕妈妈来说着实是一件不方便的事情。因此，孕妈妈每次在旅行的途中看到洗手间时，即使没有尿意也不应该放过这个机会，尽可能地排一下尿。另外，孕妈妈绝对不能因为怕去洗手间而减少水分的摄入量。孕妈妈必须让自己的体内时刻存有充足的水分以保证胎儿的健康。

不要参加危险的活动

到一个陌生的地方旅行，这会让孕妈妈的心情愉快、身体放松。在这种兴奋的状态下，孕妈妈会无意识地想参加一些具有危险性的活动，比如，雪橇、滑雪、水上滑行和某些室内运动等，这些具有危险性的运动孕妈妈绝对不能参加。

准备旅行用品

为了避免在旅行中出现不必要的麻烦，孕妈妈在旅行之前应该仔细检查需要携带的物品，像医保卡、病历等重要物品千万不要忘记。

根据自身情况选择旅行时间

孕妈妈旅行的最好时间就是孕中期，但是每个孕妈妈的实际情况是不同的，所以在决定旅行前必须咨询医生，征求医生的建议。

怀孕中期最适合旅行

你也许不知道

孕妈妈进入孕期之后，不代表只能够在自家附近的公园走动，还可以选择一些较方便、安全的旅游景点进行定点旅游，而且适当地出游踏青也可以给孕妈妈带来好心情。不过，在旅行之前必须要确认自己的身体状况，特别是决定出国旅游的孕妈妈，更要提前做好一系列准备工作。

孕中期出游，让孕妈妈心情愉快

漫长的十月孕期，如果天天足不出户，闷在家里，实在太乏味了。孕妈妈渡过了艰难的孕早期，步入轻松的孕中期，则可以带上肚子里的宝宝，一起去享受旅行的快乐。温暖的阳光，清新的空气，都会让孕妈妈心情舒畅。

孕妈妈旅游的最佳时期

怀孕中期最适合旅行，此时即使长途旅行也不会有太大问题。因为这时候孕妈妈已适应怀孕生理变化，身体状态最佳，不适症状最少，而且发生流产或早产的机会最小。

孕早期因孕吐害喜症状较明显，孕妈妈也刚要适应胎儿，身心需调整，比较不适合远游；怀孕后期也不适合远游，因为肚子太大行动不便，也容易发生早产。

旅行胎教的意义

出门旅行可以让孕妈妈在陌生的环境里体验过去不曾接触过的生活、文化、风景和饮食，这一过程也给胎儿带来了间接的体验。因此对孕妈妈来说，旅行是一种极具胎教意义的有益活动。尽管孕妈妈的身体和精神并不处于一个很好的状态，但在多加注意并做好充足准备的前提下，孕妈妈也无需对旅行产生任何恐惧的心理。

时刻注意自身和胎儿的安全

到了孕中期，孕妈妈的身体状况和之前相比已经有了较大的变化，在旅行过程中不能大意，一定要把自己和胎儿的安全放在第一位。

晕车不要乱吃药

有一些孕妈妈在旅行过程中会出现晕车的情况，在出现这种情况时，建议孕妈妈下车走动，不要随意吃晕车药，以免对胎儿造成伤害。

你也许不知道

胎儿是通过母体的血液来获取氧气的，带给胎儿充足氧气的方法之一是去空气质量很好的地方旅行，绿色的大自然可以让孕妈妈感到轻松，而清新的空气也无疑会把心中的烦闷一扫而光。

丰富和胎儿之间的话题

旅行过程中，孕妈妈可以将自己感兴趣的东西及其感受详细地描述给胎儿。这样孕妈妈与胎儿之间的话题就会自然而然地丰富起来。平时在城市里很少感受到的鸟叫声、风声、水声以及稀奇的文物都可以成为向胎儿描述的对象。旅行其实也可以算作是胎教当中的一种野外学习活动。

做好旅行计划与胎儿一起旅行

在旅行之前，先制定相关的计划，不要让孕妈妈和胎儿太劳累，避免去人多、复杂的地方。尽量选择离家近的地方，绿草如茵，空气新鲜清晰，都能达到舒散身心的功能，对孕妈妈、胎儿而言，即是一种享受，同时也让准爸爸不至于太过麻烦、疲惫。

为了胎儿健康，避免疫苗注射

我们都知道怀孕期间最好不要吃药，但是由于旅途疲劳身体抵抗力低下而感染细菌或病毒造成疾病的话，一定要立即到医院进行就诊，不可耽搁。如果你打算出国旅游，那么很多国家入境的时候都要检查你是否注射了该国规定的某种疫苗，此时，你一定要询问医生并得到医生的认可后再注射该疫苗，不然你宁愿放弃这次旅行。

准爸爸要仔细准备旅游物品

如果打算出游的话，准爸爸一定要帮助孕妈妈准备旅游物品，由于孕妈妈的身体特殊状态，准爸爸要尽可能多地考虑到一些意外情况，提前带好物品，做到有备无患。

旅行前为孕妈妈准备零食

孕妈妈在孕中期正是饮食量增大的时候，外出旅行时要准备一些卫生、有营养的零食供孕妈妈食用。

旅行必备物品要齐全

你也许不知道

虽然进行了充分的准备，尽可能的减少风险，但是还有可能发生意外。如果孕妈妈出现腹痛、见红、感染疾病，以及其他不适和异常状况，就应该立即取消或者更改旅游计划，尽快就医。

外出旅行需要注意的问题有哪些

不要手持重物：孕妈妈拎着很重的包或者是其他重物，身体很容易失去平衡而摔倒。

尽量避开人多之处：人多的地方非常容易造成拥挤，发生意外状况。而且空气也不好，会影响到胎儿的供氧，还容易感染细菌和病毒，所以，孕妈妈尽量不要去人多的场所。

饮食问题：孕妈妈要注意饮食卫生，不要乱吃路边小摊的食物，避免吃刺激性食物，以免造成腹泻等疾病的发生。

必备物品

医保卡和病历：因为不知道在旅行途中会发生什么事情，所以携带孕妈妈的医保卡和病历是相当必要的。

零食：为了应对孕妈妈在旅行途中可能出现作呕感的情况，可以随身携带一些平时用来减轻孕吐症状的零食。花生、核桃等坚果类食品和果干、煎豆都是不错的选择。

防晒霜：阳光照射与皮肤上黑痣、雀斑的形成具有密切的关系，因此外出时一定要携带可以阻挡紫外线的防晒用品，但要注意选择适合孕妈妈使用的防晒产品。

帽子和遮阳伞：在阳光强烈的日子外出旅行，帽子和遮阳伞可以有效地防止强烈的阳光照射。

慎重选择飞机出行

孕妈妈如果选择飞机出行，一定要根据身体的实际情况，咨询医生后再作决定。因为在飞机上发生意外，处置起来是非常不便的。

选择较近的景点

一般情况下，建议孕妈妈选择离家较近、去医院比较方便的景区旅行，如果遇到紧急情况可以立即处理。

选择交通工具的注意事项

你也许不知道

在旅行的时候，孕妈妈必须选择适合自己的交通工具，只有这样才能够在保证出游安全的前提下玩得高兴，真正让孕妈妈的身心得到放松。

哪些孕妈妈不适合长途旅行

在怀孕早期曾有过流产史；在怀孕晚期曾有早产史；双胞或多胎妊娠合并妊娠综合征（如妊娠高血压综合征、妊娠糖尿病，妊娠贫血）；妊娠合并其他慢性疾病，如心脏病、肝炎；妊娠已进入到晚期（妊娠7个月或以上）。

孕妈妈这样乘坐飞机最安全 选择靠过道的座位：因为长时间飞行往往会造成腿部和脚腕的水肿，孕妈妈还会有尿频的情况，所以在此之前最好预定靠过道的座位，去卫生间比较方便，同时也活动了腿脚；穿弹性较强的袜子，主要预防血栓形成，同时在预防水肿方面也能起到不错的作用；摄取充足的水分：孕妈妈可能有脱水或恶心的反应。

孕妈妈不要这样乘坐飞机 选择靠窗口的位置：孕妈妈坐在靠窗口的位置，活动不便；孕晚期乘坐飞机：这是非常危险的，应该绝对禁止；穿高跟鞋：有的孕妈妈出门为了美丽选择穿高跟鞋，心想坐在飞机上不走动也不影响，这样反而会加重孕妈妈的腿部压力，易出现腿部和脚腕水肿。

自驾车旅行的注意事项

车内打扫干净：特别要清洗车里的空调设施，并除去各个死角的灰尘，以免对孕妈妈和胎儿造成伤害。

孕妈妈坐在靠后的位置：即使是一次轻微的追尾事故也会对孕妈妈隆起的腹部造成伤害。因此，孕妈妈坐在后面相对是比较安全的。

防晕车准备：在旅行之前，孕妈妈可以请教医生，寻找适合自己的防晕车方法。

孕妈妈要远离噪音

外出旅行过程中，孕妈妈要远离噪音大的地方，噪音对孕妈妈的危害相当大，可能影响孕妈妈中枢神经系统的机能活动，还可能导致胎心加快、胎动增多，严重时可诱发子宫收缩而引起早产、流产、新生儿体重减轻及先天畸形等。

孕妈妈出行远离安检机

车站的安检机器会散发出低量的超声波，或非电离辐射波，它们虽然不像医院的X光机那样含有潜在危险的电离辐射波，但是为了安全起见，孕妈妈可以要求女性安检人员利用贴身检查来取代让自己的身体暴露在安检机器之下的检查方式。

★胎教小课堂★

孕妈妈旅行需注意的问题

了解旅游点的气候和天气

孕妈妈千万不要去蚊蝇多，卫生条件差或者传染病发病率高的地方，以免机体抵抗力弱的孕妈妈得上传染病。

选择安全、简单、轻松的行程

孕妈妈大腹便便，行动不太方便，所以行程安排过于复杂紧凑、时间太长，以及参加危险性高的旅游项目等，这些都是禁止的。孕妈妈应该以短时间、短路线、定点旅行的方式为佳。

选择医疗资源完善的地区

一般不建议孕妈妈到医疗条件落后的地方旅游，要选择卫生良好、交通便利的地区，以免染上疟疾或痢疾等传染病，也只有交通便利，才能够保障紧急就医的速度。

旅行在我看来还是一种颇为有益的锻炼，心灵在旅行中不断地进行新的未知事物的活动。

——蒙田

避免选择过热的景点

孕妈妈应该避免选择过热的旅游景点，应该选择人少的旅游地区，比如，自然风景区，度假村等；去海边度假也是不错的选择，可以让胎儿进行日光浴，这样既避免了拥挤造成的意外，也防止人多嘈杂时孕妈妈身体出现不适。

不去高海拔地区

海拔越高，氧气含量越不足，一般人很容易出现高山症，而孕妈妈更需要充足的氧气，因此不适合前往高海拔地区旅游。

一个人抱着什么目的去游历，他在游历中，就只知道获取同他的目的有关的知识。

——卢梭

第八章

孕中期的视觉胎教：

训练胎儿的观察能力

五颜六色的玩具能更好地刺激视神经

这些五颜六色的玩具明显能刺激孕妈妈的视神经，对胎儿视神经和大脑的发育也会起到积极的促进作用。

选择有彩图的书籍

孕妈妈阅读一些色彩鲜艳的绘本，会让自己的注意力更集中，同时让视觉胎教的效果更好。

视觉刺激的重要性显而易见

你也许不知道

提到视觉胎教，人们脑海中也许立刻就浮现出了孕妈妈欣赏名画的场景。对于很多人来说，欣赏图画似乎就是视觉胎教的全部内容，其实系蝴蝶结、织十字绣、折纸和陶艺也都属于视觉胎教的范畴。

胎儿五感的产生

其实，在怀孕6～7个月之后，胎儿就已具有了五感，而美术作品正是能够有效刺激五感的视觉胎教内容。当孕妈妈看到伦勃朗的《犹太新娘》、莫奈的《睡莲，水景系列》这样的名画时，心情会很自然地平静下来。这些画当中包含着画家的精神，以及一种可以使人感动的情结。而所有的这些感受，胎儿也是能够间接体会到的。

光照胎教，常见的视觉胎教法

光照胎教是指在胎儿视觉发育的特殊时期，利用光源进行刺激，进而促进视觉器官发育和大脑发育的一种胎教方法。

在人类获取信息的方式中，视觉无疑是最主要的信息来源，所以视觉对于人类来说异常重要，视觉刺激对于大脑的发育也有着不可取代的作用。这对于胎儿后天的视觉发育、大脑智力的开发也是最为重要的影响因素。

胎儿是如何辨别外界事物明暗的

照射到孕妈妈眼睛里的光线会对一种叫做褪黑激素的物质产生调节作用，使胎儿的眼前也相应地产生明暗的感觉。当看到明亮物体的时候，褪黑激素的分泌量会下降，看到昏暗物体的时候则会上升，这一点使胎儿也具备了辨别外界事物明暗的本能。

选择最舒服的姿势

孕妈妈在进行视觉胎教的时候，完全可以躺在床上，让自己保持一种最舒服的姿势。

视觉胎教素材很丰富

其实，视觉胎教的素材有很多，孕妈妈手中的彩色拼版就是非常不错的视觉胎教素材。

美丽的风景、优美的作品都是视觉胎教的素材

你也许不知道

与音乐胎教、胎谈胎教和童话胎教相比，视觉胎教可能显得较为无趣和困难。然而事实上，视觉胎教也是一种可以轻松掌握的方法。由于胎儿的脑部在有所感受的情况下才会迅速发育，而视觉胎教就能够很好地刺激胎儿的五感，让其尽快生长发育。

看漂亮宝宝的照片

在胎教过程中，有的孕妈妈将照片挂在家里或者是放在办公桌上反复欣赏。尤其听说“看漂亮宝宝的照片才能生出漂亮宝宝”的说法之后，许多孕妈妈都开始到处寻找漂亮宝宝的图片，并贴满四壁。孕妈妈在欣赏这些可爱宝宝照片时，也一定在幸福的憧憬未来宝宝的模样，这对于孕妈妈的情绪是有好处的。

视觉刺激与听觉刺激同样重要

胎儿的听觉在怀孕早期不断地发育，并且会在怀孕24周时达到成人的水准，相比之下，视觉的发育则要晚许多。在这种情况下，我们切不可因此而疏忽对胎儿进行的视觉刺激。

视觉胎教内容莫强求

平时对美术毫无兴趣的孕妈妈，如果因为怀孕而强迫自己去美术馆或其他展览馆看画展，或去一个从未去过的美术馆，即使特地跑到美术馆欣赏名作，也很难真正产生特殊的感觉和印象。

在这样的情况下，和准爸爸一起去看场电影，漫步在夜景迷人的步行街或者看一看可以带来美好回忆的照片都是较为明智的选择。无论真实的风景还是照片，只要能让孕妈妈心态平和就可以称得上是视觉胎教最好的素材。

巧妙布置居室

如果孕妈妈没有时间去参加画展，可以把自己的房间好好布置一番，比如，摆放一些照片、字画等，都能够起到同样的胎教效果。

创造舒适的视觉胎教环境

孕妈妈要注意胎教环境的选择，安静、轻松、温馨、窗明几净的居室环境是非常好的，可以让孕妈妈集中注意力欣赏视觉胎教素材。

参加画展或到美术馆欣赏名画

你也许不知道

欣赏好的画作就和听到优美旋律、阅读感人的文字一样，是一种美的享受，此时孕妈妈的内心会变得安定，甚至会有一种被净化的感觉。因此，观赏摄影作品、画作、雕刻、陶艺和版画的画展将对胎教起到很大的帮助。

孕妈妈要持之以恒

视觉胎教和其他胎教一样，只有持之以恒才可以收到效果。去过几次画展，看了两眼画册并不代表着整个视觉胎教过程就已进行完毕。只有坚持不断地与那些画作打交道才可以使视觉胎教变得更有效果，更能有效陶冶孕妈妈的情操，促进胎儿的成长。

视觉胎教传递美感

孕妈妈鉴赏名画，最重要的并不是了解多少与之相关的背景知识，而是排除一切拒绝感和心理负担。因为，无论采用多么好的胎教方法，如果孕妈妈在进行胎教的过程中感到有压力，就一定会产生负面的影响。

孕妈妈通过欣赏画作使自己的感情变得丰富，并将这种美感传递给胎儿，这种做法才是真正意义上的视觉胎教。

正确的欣赏名画方式 欣赏孕妈妈感兴趣和熟知的作品；欣赏之前先了解作品的相关信息，大概了解作品的名称，作者即可；同一作品可以经常、反复观看。

错误的欣赏名画方式 强迫自己欣赏自己没有兴趣，甚至是厌恶的作品；没有目的地欣赏，匆匆看过了事；三心二意，没有用心去欣赏作品。

手脑并用的画册小拼图
孕妈妈玩拼图，可以一边拼凑，一边欣赏拼图中的美景，让自己的心情平静下来，调节烦躁的情绪，对胎儿的成长发育是非常有利的。
准爸爸要参与视觉胎教
如果孕妈妈有情绪波动，准爸爸要陪伴孕妈妈一起欣赏图画，这样会让孕妈妈的幸福感增加，情绪自然就变得稳定了。

用画册进行胎教

你也许不知道

精美的画册看后使人精神愉悦。阅读这类画册对孕妈妈及胎儿的身心健康都大有裨益。这类精美的画册包括伟大人物的画册，著名的山水和名胜古迹的画册等。

用画册进行胎教也是不错的选择

在选择画册时，要把孕妈妈的爱好取向当作最为重要的标准。比起一些受到别人称赞的“杰作”，不如选择一些孕妈妈所熟知和喜爱的画家的作品。此外，在学生时代的美术课上曾学习过的，或平时通过各种媒体经常接触的作品也很适合在视觉胎教中使用。孕妈妈看到这些作品时，往往会产生非常亲切的感觉。

利用画册进行胎教注意事项

利用画册进行胎教的时候一定要注意，要把感情倾注到故事的情节当中去。无论讲什么，都要把自己作为故事当中的人物来讲，理解了故事内容之后，再用自己的语言讲给胎儿听。

在讲故事的时候，可以通过适时地语音调节使胎儿了解故事是怎样展开的。比如，可以充满感情地朗读，与此同时让故事内容在自己的头脑里形成一个个具体的形象。

用画册进行胎教的影响力是深远的

进行音乐胎教，并不都是为了把孩子培养成音乐家。因此，如果期待通过视觉胎教使宝宝具有较高的审美感，长大以后成为一个名画家，也是不切实际的，但这种暗示却是具有深远影响力的，如可以培养宝宝的注意力和观察力，以及宝宝对色彩的敏感度。

视觉胎教的效果

进行过视觉胎教的胎儿，在出生之后，对于胎教时所使用过的素材会有很强的敏感度，甚至还会有一种亲切感。

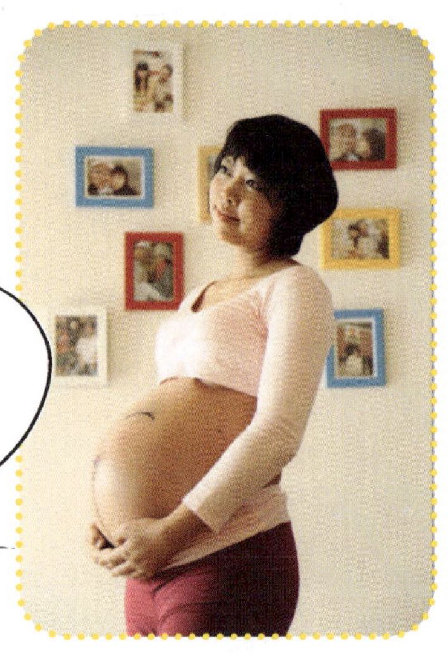

画册让孕妈妈的心情更加稳定

孕妈妈在欣赏完画册之后，心情会很安静，此时也是孕妈妈身心的最佳状态，而经常保持这种状态，对于胎儿的生长发育会产生积极作用。

★胎教小课堂★

【风景画系列】

列维坦（俄国）的《雨后》。

艾伊瓦佐夫斯基（俄国）的《九级浪》。

福特·马多克斯·布朗（英国）的《可爱的羔羊》。

艾伊瓦佐夫斯基（俄国）的《狂暴的海涛》。

伊萨克·列维坦（俄国）的《金色的秋天》。

弗·阿·华西里耶夫（俄国）的《在克里米亚山上》。

谢德林（俄国）的《那不勒斯港的马格林堤岸》。

【雕塑画系列】

米隆（古希腊）的《掷铁饼者》。

亚力山德罗斯（古希腊）的《维纳斯雕像》。

艾特鲁斯坎人（古罗马）的《母狼》。

米开朗基罗（意大利）的《摩西（坐像）》。

卡诺瓦（意大利）的《扮成维纳斯的博尔盖塞》。

【人物画系列】

让·奥古斯特·多米尼克·安格尔（法国）的《莫第西埃夫人》。

列宾（俄国）的《伏尔加河上的纤夫》。

弗雷德里克·莱顿（英国）的《海边缠纱》。

列奥纳多·达·芬奇（意大利）的《蒙娜丽莎的微笑》。

拉斐尔·圣乔奥（意大利）的《圣母子》。

拉斐尔·桑西（意大利）的《椅中圣母》。

拉斐尔·圣乔奥（意大利）的《炽热的六月》。

弗雷德里克·莱顿（英国）的《音乐课》。

洛德·莱顿（英国）的《玩球的希腊女孩》。

【静物画系列】

文森特·梵高（荷兰）的《打开的圣经》。

保罗·塞尚（法国）的《静物》。

文森特·梵高（荷兰）的《向日葵》。

文森特·梵高（荷兰）的《鸢尾花》。

伦布朗（荷兰）的《100荷币版画》。

【抽象画系列】

克劳德·莫奈（法国）的《睡莲》。

文森特·梵高（荷兰）的《星夜》。

文森特·凡高（荷兰）的《夜色中的白房子》。

文森特·梵高（荷兰）的《麦田》。

毕加索（西班牙）的《亚维农的少女》。

马蒂斯（法国）的《红色的和谐》。

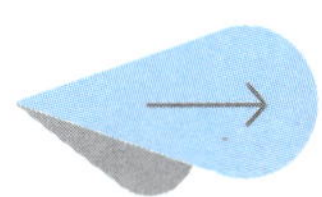

第九章

孕晚期的英语胎教：符合国际化时代趋势

时下流行的英语胎教

孕妈妈不要小瞧英语胎教，在进行英语胎教过程中，孕妈妈学习英语知识的同时，胎儿也受到了良好的熏陶。

孕妈妈要加强英语胎教

孕妈妈在进行英语胎教时最好是阅读和听说结合起来，这样英语胎教才能全方位带动孕妈妈的听、说、看、读的能力，而这些对于胎儿的影响也是潜移默化的。

英语胎教的前提是孕妈妈积极的心态

你也许不知道

英语胎教并不是简简单单地和胎儿聊天，而是用英语和胎儿进行对话。最近有许多孕妈妈开始对英语胎教产生兴趣，这其实是一种教育提前化的表现。

英语胎教的目的是什么

英语胎教的目的是使胎儿体验到英语特有的节奏、语调和发音，而不是想让其了解到每一个句子的具体含义。因此孕妈妈不必像应付考试一样，用如临大敌的态度去面对胎教，那样反而会给自己带来压力，还不如不做。

专家们认为，即使每天都坚持自己朗读英文，孕妈妈也不必担心自己发音不准会对胎儿产生不良的影响。

进行英语胎教不要有压力

有不少孕妈妈提起英语就会产生畏缩的情绪。对自己的发音和语调没有信心，想好的句子在脑子里打转，可就是说不出来，其实孕妈妈完全不必有此顾虑。

英语胎教的前提是孕妈妈积极的心态，只有以安定、愉快的情绪去给胎儿读英语文章、唱英语歌才能营造出良好的胎内环境。从胎儿时期开始接触英语可以提升胎儿的智力，并使其在后天的成长发育过程中对英语有一种天生的熟悉感。

英语胎教的重点在于“胎教”二字

在“英语胎教”这四个字中，我们更应该把重点放在“胎教”二字上。孕妈妈通过自己说英语等一系列方法，为胎儿创设接触英语的环境，这是英语胎教的意义所在。让宝宝从胎儿时期开始接触英语可以提升其智力，促进胎儿大脑发育。

夫妻两人要多用英语沟通

英语胎教很重要的一点就是夫妻两人的交流方式，夫妻两人可以经常用英语沟通，这样的一种语言环境会提高英语胎教的效果。在相互沟通的过程中，胎儿也是可以感受到的。

在进行英语胎教的过程中，需要注意环境和时间的选择，孕妈妈如果对英语非常反感，就不要采取这种方法了。

不要强迫孕妈妈进行英语胎教

为胎儿创造英语胎谈环境

你也许不知道

胎儿的大脑中有许许多多的神经细胞，它们的成长和发育离不开外界的刺激。在对胎儿脑细胞进行刺激的过程中有一种非常好的方法——胎谈。事实上，的确没有什么事情比孕妈妈和准爸爸一起跟胎儿对话更能有效地对其产生刺激了。

如何进行英语胎教

孕妈妈平时可以多看一些卡通英语视频，还可以播放一些儿童英文歌曲给胎儿听。另外，孕妈妈也要营造出练习英语的环境，比如，可以讲一些很简单的英语，例如："This is Mommy"、"It's a nice day"、"Let's go to the park"、"That is a cat"，甚至能够将自己看见、听见的有趣事情用简单的英语讲给胎儿听等。

开始和胎儿说英语

实际生活中，许多孕妈妈连用母语跟胎儿对话都感到困难，此刻她们不禁要问：怎样用英语进行胎谈呢？其实只要你心存母爱，存在对于孩子无限潜力的信念，这对你来说就不再是一件难事了。孕妈妈们，先从"Good morning, baby"开始吧。

放下负担开始英语胎教

如果孕妈妈心里不确定自己到底要对胎儿说什么，或者说出来都觉得十分勉强，带着这样的情绪进行胎教显然是非常不利的，因为孕妈妈的紧张情绪会转移给胎儿。因此，孕妈妈一定要铭记放下负担，用一颗愉快的心去进行英语胎教。

孕妈妈观看英文电影

孕妈妈可以选择一些自己喜欢的英文电影，这些都是非常好的英语胎教素材，可以同时进行视觉刺激和听觉刺激。

朗读儿童诗歌

“Twinkle, twinkle little star , How I wonder what you are, Up above the world so high, Like a diamond in the sky。”这是一首叫做“Twinkle little star”的儿童诗歌，在朗读的时候应该特别注意将其中的韵律表现出来。经常读带有韵律的英文诗歌可以使胎儿自然地熟悉英文的韵律。

英语胎教素材的选择

你也许不知道

听英文广播对英语胎教有很大的帮助。孕妈妈还可以试着在市面上寻找幼儿用的英语教学片，那些色感鲜明、内容简洁的卡片最适合当英语胎教的教材，还可以作为宝宝出生之后的教育素材继续使用。

为什么要选择带有精美图片的英文童话书

因为胎儿可以通过右脑和孕妈妈进行感情交流，而右脑正是专门管理图像信息的脑半球。如果孕妈妈一边看着优美的画面一边说英语，就可以给胎儿带来更多的良性刺激。

选择简单而有趣的英语教材

每个孕妈妈的爱好不同，英语水平也存在着或多或少的差异，所以根据自己的情况选择英语教材才是最正确的做法。

要说最适合胎教的英语教材，莫过于既简单又有趣的英文童话书了。因为在读童话书时，孕妈妈不会感到有任何的负担。

选择合适的英文童话书

在购买英文童话书时，应尽量选择里面有漂亮图片的。

英文童话书的内容最好是与梦想、希望、幸福、大自然以及小动物有关的故事。

选择有大量拟声词、拟态词的英文童话书。

这样的英文童话书不要选

英文童话书内容过多，图片太少，图片质量很差。

语言晦涩难懂，内容不适合孕妈妈阅读。

英语胎教的时间要固定

你知道吗，胎儿也是有生物钟的，孕妈妈应该在固定时间进行英语胎教，遵循胎儿的生物钟，这样英语胎教效果会更好。

使用音像制品

尽管孕妈妈自己朗读是最佳的选择，但是，如果在英语朗读方面完全没有自信，孕妈妈可以试着使用一些音像制品进行英语胎教。

英语胎教的具体方式有哪些

你也许不知道

孕妈妈可以听一些平时喜爱的流行音乐，或者背下《昨天》、《顺其自然》、《五百里路》等一些抒情歌曲的歌词后，自己进行演唱。通过唱英文歌，可以自然而然地提高自己的英语水平，胎儿也能够感受到母亲的平和与愉悦。

在固定的时间带着感情去朗读

孕妈妈最好将每天进行英语胎教的时间固定，读童话书也是一样。胎儿的听觉神经在晚上8点最为敏锐，所以孕妈妈应该尽可能地选择在这一时间段进行胎教。

孕妈妈在朗读的时候可以一边轻轻抚摸自己的腹部，一边像与胎儿对话一样进行阅读，让胎儿感觉像听童话剧一样有趣。

制作英语单词卡片

在进行英语胎教时使用卡片也可以使胎教变得生动有趣。孕妈妈可以在较厚的卡纸上用英文写下动物或其他事物的名称及特征。除此以外，孕妈妈还可以以动物图片为素材尝试编写一些英文小故事。

如果不擅长绘画，孕妈妈可以把杂志或书中漂亮的图片剪下来，并贴在卡片上，在读卡片上的内容时还要保持生动的语调和神情。

为什么听英语童谣如此流行

因为，英语童谣不仅简单而且有趣，可以为胎儿营造一种自然宽松的英语环境。曲调欢快、歌词优美的英语童谣会使孕妈妈和胎儿的情绪很快安定下来。此外，英语童谣往往很短，孕妈妈多听几次就可以毫不费力地把歌词背下来，然后自己来唱这些童谣，这也是它们备受孕妈妈们喜欢的原因之一。

★胎教小课堂★

孕妈妈爱不释手的中英文胎教书

《张炳惠的幸福胎教》

40周同步胎教计划+40个原创英文童谣

开启宝宝的第一扇智慧之门

对于那些想做胎教而不知道方法的准妈妈来说，这是一本很好的胎教入门书。本书为准妈妈制订了详细的孕期40周同步胎教计划，紧密贴合了40周孕期内宝宝的生长发育及智力开发情况；书中还有40个原创英文童谣，让孕期胎教不再单调，更好地帮助开发宝宝智力。本书还配有胎教童谣光盘，内含40首英文童谣，文字轻松自然，节奏轻快，并伴有或欢快或舒缓的乐曲，极富想象力。

《双语胎教》

40周胎教要点+10种胎教方法+62首中英文对照的儿歌童谣

同时提高宝宝的EQ和IQ

每天10分钟，激发宝宝的感性思维和智力

妈妈听到的优美的音乐会传到胎儿的耳朵里，妈妈读有益的书籍，从中汲取的智慧、得到的感动，也同样会传递给腹中的宝宝。宝宝能够记住在妈妈肚子里感受到的各种声音和刺激。给宝宝读一读像歌谣一样美丽的英语单词和小文章吧。本书浅显易读，每一个准爸爸准妈妈都可以将它读给宝宝听。它将培养宝宝的语言细胞，并给宝宝感性思维、性格、社会性以及道德观的形成带来帮助。